Marcelo Montes
Andrea Bonvillani

Juventud, educación y políticas públicas

Marcelo Montes
Andrea Bonvillani

Juventud, educación y políticas públicas

La Experiencia en la Comunidad Regional San Martín

PUBLICACIONES UNIVERSITARIAS ARGENTINAS

Impresión
Informacion bibliografica publicada por Deutsche Nationalbibliothek: La Deutsche Nationalbibliothek enumera esa publicacion en Deutsche Nationalbibliografie; datos bibliograficos detallados estan disponibles en Internet en http://dnb.d-nb.de.
Los demás nombres de marcas y nombres de productos mencionados en este libro están sujetos a la marca registrada o la protección de patentes y son marcas comerciales o marcas comerciales registradas de sus respectivos propietarios. El uso de nombres de marcas, nombres de productos, nombres comunes, nombres comerciales, descripciones de productos, etc incluso sin una marca particular en estos publicaciones, de ninguna manera debe interpretarse en el sentido de que estos nombres pueden ser considerados ilimitados en materia de marcas y legislación de protección de marcas, y por lo tanto ser utilizados por cualquier persona.

Imagen de portada: www.ingimage.com

Editor: PUBLICACIONES UNIVERSITARIAS ARGENTINAS es una marca comercial de
Südwestdeutscher Verlag für Hochschulschriften GmbH & Co. KG
Heinrich-Böcking-Str. 6-8, 66121 Saarbrücken, Alemania
Teléfono +49 681 3720-271-1, Fax +49 681 3720-271-0
Correo Electronico: info@svh-verlag.de

Publicado en Alemania
Schaltungsdienst Lange o.H.G., Berlin, Books on Demand GmbH, Norderstedt,
Reha GmbH, Saarbrücken, Amazon Distribution GmbH, Leipzig
ISBN: 978-3-8454-6027-7

Imprint (only for USA, GB)
Bibliographic information published by the Deutsche Nationalbibliothek: The Deutsche Nationalbibliothek lists this publication in the Deutsche Nationalbibliografie; detailed bibliographic data are available in the Internet at http://dnb.d-nb.de.
Any brand names and product names mentioned in this book are subject to trademark, brand or patent protection and are trademarks or registered trademarks of their respective holders. The use of brand names, product names, common names, trade names, product descriptions etc. even without a particular marking in this works is in no way to be construed to mean that such names may be regarded as unrestricted in respect of trademark and brand protection legislation and could thus be used by anyone.

Cover image: www.ingimage.com

Publisher: PUBLICACIONES UNIVERSITARIAS ARGENTINAS
is an imprint of the publishing house
Südwestdeutscher Verlag für Hochschulschriften GmbH & Co. KG
Heinrich-Böcking-Str. 6-8, 66121 Saarbrücken, Germany
Phone +49 681 3720-271-1, Fax +49 681 3720-271-0
Email: info@svh-verlag.de

Printed in the U.S.A.
Printed in the U.K. by (see last page)
ISBN: 978-3-8454-6027-7

JUVENTUD, EDUCACIÓN Y POLÍTICAS PÚBLICAS

– La Experiencia en la Comunidad Regional San Martín –

Andrea Bonvillani

Marcelo Montes

JUVENTUD, EDUCACIÓN Y POLÍTICAS PÚBLICAS

– La Experiencia en la Comunidad Regional San Martín –

Equipo de Investigación

Director: Mgter. Marcelo Montes

Co-directora: Dra. Andrea Bonvillani

Docentes Integrantes:

Mansilla, Gabriela Silvina

Calderón, Fabiana Rosana

Durán, Alcira Rosa

Irusta, Silvina Mercedes

Brussasca, María Hercilia

Achad, María Virginia

Beltrami, Mauro

Monasterio, Julio

Zanotti Aichino, Juan

Kunz, Daniela Ivana

Alumnos Integrantes:

Lapasini, Carina

Alanis, Alejandro

Brunelli, Evelin

Garat, Leonel

Cassano, Patricia

Zurlo, Julia Mariana

ÍNDICE

Introducción

Nos planteamos con este trabajo, conjeturas y objetivos. Dentro de las primeras, creemos que la construcción de un proyecto de vida para los adolescentes en situación de vulnerabilidad social es especialmente crítica, debido a que cuentan con escasas posibilidades materiales y simbólicas para afrontar los desafíos del momento vital como:

* límites del horizonte de expectativas, debido a la falta de información de las opciones sociales disponibles;
* dificultades en la autoestima, debido al deficiente desarrollo de sus competencias que suele caracterizar sus procesos de socialización;
* escasa valoración familiar de la educación como un recurso utilizable para el logro personal, el cual es suplantado por el temprano acompañamiento de los hijos en las tareas laborales de los padres, debido a los apremios económicos,
* carencia de dispositivos sociales, educativos y recreativos que les sirvan de apoyo psicosocial en los cuales se sientan contenidos y puedan desarrollarse.

Nuestros objetivos generales fueron:

* Contribuir al fortalecimiento institucional de la Comunidad Regional General San Martín (CRGSM), diagnosticando problemáticas de carácter social, en aras de proponer políticas públicas inclusivas destinadas a los sectores más jóvenes y vulnerables, y
* Conocer las expectativas que tienen grupos de adolescentes en situación de vulnerabilidad social acerca de su futuro, siendo población-objetivo de políticas públicas inclusivas.

Nuestros objetivos específicos consistían en:

* Estudiar la legislación municipal en el ámbito de la CRGSM, destinada a regular el espacio público (tránsito, espectáculos públicos, recreación y ocio) en relación con las actividades de la población juvenil.

* Efectuar un diagnóstico de la realidad de la juventud de la CRGSM, a fin de prediseñar políticas públicas de alcance regional que puedan tener impactos positivos sobre el proyecto de vida que los jóvenes pergeñen.
* Conocer las concepciones que los jóvenes de la CRGSM tienen respecto del futuro.
* Explorar las modalidades de tramitación psicosocial que asume la construcción de un proyecto de vida en grupos de adolescentes en situación de vulnerabilidad social.
* Identificar y caracterizar los aspectos que facilitan y obstaculizan dicha construcción.
* Determinar la incidencia de las condiciones de vida de los adolescentes en las elecciones y posibilidades de construir un proyecto de vida vocacional-ocupacional.

Los resultados en el espacio social: algunos indicadores de sus condiciones de vida en Argentina

Andrea Bonvillani

Introducción

Numerosos estudios indican que los jóvenes han sido una de las principales víctimas de los procesos de cambio (caída de los socialismos reales y globalización) que se desarrollaron hacia fines de los ochenta y la década de los '90 en el mundo y Latinoamérica, y con énfasis, en nuestro país[1].

Según datos procesados por la Dirección Nacional de Juventud (DINAJU), en la Argentina, la población joven –entre 15 y 29 años, según agregado estadístico determinado por los organismos oficiales nacionales– asciende al 26%[2], o sea, cerca de 10 millones de personas son jóvenes. De la proporción que le corresponde a la provincia de Córdoba, el 50% son mujeres y un 50% varones[3].

Si lo consideramos como un bloque socio-demográfico, la situación socio-económica de los jóvenes se caracteriza por su alto nivel de vulnerabilidad. Claramente, se trata de un grupo social afectado por el deterioro del mercado de trabajo y por la crisis de las instituciones que tradicionalmente mediatizaban los mecanismos de integración social. En tal sentido, el 60% de varones y mujeres jóvenes viven en la pobreza, mientras que el 15% de ellos no estudia ni trabaja, cifra que se duplicó desde el año 2001[4].

En Argentina, según datos del Instituto Nacional de Estadísticas y Censos (INDEC) para el primer trimestre de 2007, la tasa de participación laboral de los jóvenes fue del 47% y la de desempleo llega al 24%, con lo cual casi duplica a la del resto

[1] CELADE-FNUAP, *Juventud, población y desarrollo en América latina y el Caribe: problemas, oportunidades y desafíos*, CEPAL, Naciones Unidas, 2000. página 37.

[2] De acuerdo al relevamiento intercensal que realizan Miranda et. al, op. cit., esta proporción (25% del total de la población), se ha mantenido relativamente constante entre 1970-2001, sufriendo un aumento leve en los últimos años de dicho período.

[3] DINAJU, 2003.

[4] MIRANDA, A., SALVIA, A., "*Transformaciones en las condiciones de vida de los jóvenes en los noventa. Estimación de Determinantes a través de Regresiones*", Ponencia presentada en la Reunión Anual del Grupo de Trabajo sobre Juventud de CLACSO, Costa Rica, noviembre de 2000, pág. 155.

de la población económicamente activa del país. Aunque esta cifra es alarmante, representa una mejoría respecto de los índices registrados post-crisis 1999-2002: en el 2004 la tasa de desocupación era de más del 27% y había llegado a su punto crítico en 2002, superando el 33%[5].

Respecto de la cuestión educativa, se nota en las últimas décadas una tendencia hacia la mayor escolarización de los jóvenes, sobre todo en el nivel secundario (de un 48% a un 60%), lo cual puede explicarse como un efecto de la extensión de la obligatoriedad merced a la reforma educativa impuesta por la Ley Federal de Educación durante los '90[6].

Ahora bien, el análisis de los indicadores socio-económicos que caracterizan a los jóvenes en nuestro país desde la década pasada debe enmarcarse en el fenómeno de heterogeneización y polarización de la estructura social que se instaló por aquellos años. Así, por ejemplo, la incorporación al mercado de trabajo varía considerablemente de acuerdo al tramo etáreo considerado y, especialmente, a la clase social de pertenencia del joven y al género (el grueso de las tasas de ocupación descansan en la inserción laboral de las mujeres).

Concretamente, es necesario apreciar el peso que tiene la existencia de "*oportunidades laborales desiguales para los jóvenes, sus recursos socioeducativos, origen familiar y otros factores de discriminación étnica, sexual o residencial*"[7] en la explicación de los problemas de desempleo y precarización laboral de este grupo de edad.

Entre los factores que condicionan fuertemente la posibilidad de conseguir empleos entre los jóvenes pobres, destacan la llamada "devaluación de las credenciales", derivada de un persistente deterioro de la calidad de la educación[7]. Aunque el título recibido al finalizar la escolaridad media equivalga nominalmente al expedido por todas los escuelas medias, el déficit en el prestigio o en la calidad propiamente dicha de los conocimientos impartidos y alcanzados, se distribuye diferencialmente en el sistema educativo, impactando en las oportunidades que tienen estos jóvenes de lograr un empleo o una titulación de tercer nivel: "*La desigualdad institucional de la escolarización en el nivel medio determina fuertemente la probabilidad de acceso y terminación de estudios en el nivel universitario*"[8].

---

[5] SALVIA, A., y TUÑÓN, I., *Una deuda social pendiente: la exclusión juvenil frente a las políticas fallidas de inclusión*, ponencia presentada en el Seminario Efectos Distributivos del gasto social en educación y formación de trabajadores Buenos Aires, 2005, pág. 5.

[6] En plan de buscar explicaciones para este efecto, no deberían despreciarse el poder de retención que pueden estar operando ciertas acciones asistencialistas que tienen a la escuela media como escenario en la actualidad: la prestación alimentaria, que por ejemplo se ofrece en los establecimientos cordobeses, así como la dotación de becas a los alumnos de bajos recursos, la cual tiene como requisito la permanencia del adolescente en la escuela.

[7] JACINTO, C., *Diagnóstico, tensiones y recomendaciones de política en relación a los vínculos entre educación y formación laboral de la población adolescente*, Documento UNICEF, 2007.

[8] TENTI FANFANI, E., *Escolarización con pobreza: desarrollo reciente de la educación básica en*

El análisis de los porcentuales de los jóvenes que acceden a un empleo pleno demuestra que a igual titulación, la brecha entre el nivel de ocupación de los de estratos bajos y el de los estratos altos es muy elevada. Así, por ejemplo, con la secundaria terminada, los primeros acceden en un 18% a un trabajo, mientras que, con el mismo nivel educativo alcanzado, la cifra asciende a un 40% entre jóvenes de clase alta[9].

Esta situación se traduce, en el caso de los jóvenes de sectores medios, en una fuerte competencia intragrupal por lograr mayores calificaciones, que les permitan mantener ciertos privilegios acordes a su posición.

Otro aspecto a tener en cuenta en la relación entre jóvenes pobres y mundo del trabajo es su precocidad en el ingreso al mismo, en respuesta a las presiones del entorno familiar para obtener ingresos adicionales. Esto configura un problema importante en dos sentidos: por un lado, los hace más proclives a lograr empleos de menor calidad –ya que están poco calificados– y, por otro lado, se constituye en una trampa que refuerza la desigualdad, puesto que sólo el 26% de los jóvenes ocupados permanece en el sistema educativo.

Las diferencias en la situación de la juventud inter-estratos se aprecia también respecto de aquellos que no estudian ni trabajan, ya que según un análisis propuesto por Salvia y Tuñón[10] en base a datos de la Encuesta Permanente de Hogares, en todos los tramos de edad, los jóvenes pobres superan sostenidamente a los demás jóvenes en este ítem, destacándose el porcentaje de aquellos de mayor edad (35%).

En síntesis, podemos apreciar que la situación de los jóvenes argentinos, sobre todo de los más desfavorecidos socialmente, no es fácil, principalmente si consideramos que se trata de una etapa en la cual se gestan los proyectos futuros, delineándose las formas de inserción en la sociedad: *"El logro de una plena independencia económica y de la conformación de un hogar propio sugiere en la actualidad, para muchos de nuestros jóvenes, un camino de amplias dificultades"*[11].

A continuación, ofrecemos un análisis –provisorio, sujeto a ajustes posteriores– de las primeras impresiones/elaboraciones de esta experiencia investigativa en marcha, focalizando en el análisis de las entrevistas realizadas a directivos y docentes de las escuelas[12] en las cuales realizamos el trabajo de campo durante el año 2008. En menor medida, aparecen registros de las primeras conversaciones

---

América Latina, L' Ordinaire latino-américain, Anniversaire: Vues d'hier, enjeux däujourd hui, N° 200-201, IPEALT, Université de Toulouse, Francia, 2005.

[9] SALVIA y TUÑÓN, *Una deuda social pendiente...*, Op.cit., pág. 8.

[10] Ibidem

[11] MIRANDA, A., et. al., "Transformaciones..., Op.cit., pág. 248.

[12] Se trata de cinco escuelas que atienden población en situación de vulnerabilidad en la CRGSM, dos de ellas se encuentran en la ciudad de Villa María y las tres restantes en el área rural, en poblaciones cercanas a la mencionada localidad.

informales que mantuvimos con los alumnos, al realizar los primeros contactos con ellos, de cara a concretar los talleres que los tendrán como protagonistas el año próximo.

En este libro, nos detendremos en algunas condiciones que hacen al contexto de vida (familiar y escolar) de los adolescentes, cuestión que consideramos central puesto que estamos pensando la proyección a futuro no como un acto libre y espontáneo a la manera por ejemplo de lo que sugiere la noción de "vocación" (una suerte de llamado interno). Por el contrario, si bien el registro de la elección de una carrera o de una profesión, o más en general, de un curso de acción futuro, es subjetivo, se trata de la expresión de una tensión con las posibilidades materiales y simbólicas derivadas de la posición que se ocupa en una estructura social, en el lenguaje de Bourdieu, de los capitales "objetivados e internalizados" que posee el agente[13].

Condiciones de vida y espacio familiar

La mayoría de los chicos manifestó que sus padres tienen trabajos[14] que les permiten satisfacer sus necesidades básicas, siendo esta renta mínima familiar reforzada con ayudas estatales tales como la prestación alimentaria que lo chicos reciben en la escuela a través del PAICOR y la percepción de becas del Programa Nacional de Becas estudiantiles (Presidencia de la Nación).

En un sentido general, entonces, podemos decir que no se encuentran en una situación de carencia material crítica. Las limitaciones se dirigen más bien a lo que podemos denominar un horizonte simbólico o cultural. En ese sentido, la directora de una de las escuelas se cuestiona: "*¿Cómo voy a pretender que hagan un mapa de Europa si hay chicos que no conocen el centro de Villa María?*"[15].

Se puede pensar, entonces, en cierto aislamiento social, a partir de las limitaciones en los espacios de sociabilidad de estos jóvenes en orden a las escasas oportunidades que tienen de conocer otros mundos de vida, más allá de sus barrios o de sus localidades, las cuales tienen además carácter de ruralidad o semi-ruralidad.

---

[13] Desde este posicionamiento teórico se prestó atención a las condiciones materiales de existencia de los estudiantes, no sólo en lo referido a su posición actual, sino también a rastrear algunos aspectos de la trayectoria familiar (nivel educativo de padres y abuelos). Utilizamos una ficha personal a partir de la cual solicitamos algunos datos tales como integración familiar, ocupación de los padres, propiedad de la vivienda, ingresos, percepción de ayudas, entre otros.

[14] Algunas de las ocupaciones mencionadas son: camionero, albañilería, empleada doméstica, carpintero, peones en tareas rurales.

[15] Extracto de grabados de entrevista a chicos de la Escuela CRGSM

Cuestión que es solidaria con las expectativas que despertó el proyecto en las autoridades escolares,

> (...) ya que les permitirá también relacionarse con otros jóvenes de su edad. Yo quiero que ellos salgan y vean otros ambientes, para que adquieran manejo social, "roce social", para conocer "gente de afuera', de la universidad, cosas diferentes a lo que ellos ven diariamente[16].

En nuestra experiencia emergen distintos indicios que hablan de una situación problemática que están viviendo las familias de estos adolescentes. Cuando les preguntamos con quiénes conviven, los chicos dicen:

> Yo vivo en dos casas, mi tía tiene la custodia pero como es enfermera y muchas veces tiene guardia de noche, yo duermo en la casa de mi papá y mi abuela porque mi mamá se murió, por eso puse dos casas[17].

> Yo vivo adonde primero prenden la luz. Si veo la luz en lo de mi mamá, me quedo ahí, si la veo en lo de mi papá, duermo con él[18].

Expresiones como estas remiten a situaciones de inseguridad e inestabilidad de parte de la institución que clásicamente fue pensada como la garantía de sostén material y simbólico que posibilitaba a partir del cuidado y la protección –vía la socialización– la constitución subjetiva y la preparación para la vida social.

En esta dirección encontramos en los directivos o el personal del gabinete psicopedagógico de las escuelas, referencias a lo que ellos llaman "abandono de los padres" que se manifiesta en una fuerte falta de interés hacia los hijos, tanto en relación a la escuela: "*La familia viene muy poco a la escuela y vienen por la beca. Cumplen con eso solo. Vienen cuando ya están las cosas en lo último, cuando les decimos que si no vienen el hijo no entra más a la escuela*",[19] como a la propia dinámica doméstica de proveer de ciertos ritos de socialización y despliegue de afectividad: "*Parece que en la casa, cada uno hace la suya. Por ejemplo la cena es un momento más: cada uno se hace lo que puede: un poco de fiambre, un alfajor... no comparten la comida*"[20].

También en este sentido, hemos observado situaciones que nos han llamado la atención respecto de las maneras de "vivir la escuela" que algunos adolescentes nos muestran: en varias ocasiones los hemos visto deambulando por las aulas fuera del horario de clase y nos han pedido que apaguemos la luz porque duer-

---

16 Extracto de grabados de entrevista a chicos de la Escuela CRGSM

17 Extracto de grabados de entrevista a chicos de la Escuela CRGSM

18 Extracto de grabados de entrevista a chicos de la Escuela CRGSM

19 Extracto de grabados de entrevista a chicos de la Escuela CRGSM

20 Extracto de grabados de entrevista a chicos de la Escuela CRGSM

men la siesta en los bancos. Al comentarle este hecho, la psicopedagoga de la institución nos dice: "*esto es normal acá*", y nos cuenta que los han encontrado tarde durmiendo en los bancos, antes de cerrar la escuela[21]: "*No me quiero ir*", les ha dicho, "*no me gusta el silencio, yo estoy solo todo el día y cuando salgo de mi casa me junto con otros que también están solos en otras casas*"[22].

Registros de desamparo, vacío y soledad que emergen en la escuela y nos hablan del anclaje subjetivo juvenil de la experiencia de cierta desintegración del dispositivo familiar como lo pensó y lo teorizó la Modernidad: aquel espacio material y emocional, que basado en la asimetría del vínculo adulto-joven garantizaba protección y contención, parece no estar ofreciendo esas oportunidades a los sujetos en formación. Es decir, lo que queremos señalar en este caso, evitando caer en la formulación de juicios morales culpabilizantes respecto de la "disfuncionalidad de las familias pobres", es en pensar que en la experiencia directa de estos chicos, la familia ya no opera como un referente "*estable de significación*"[23], siendo en todo caso un interrogante, un dilema, que necesita ser explicado desde las condiciones materiales y simbólicas en las cuales se construye.

La escuela como último refugio

En este marco, se consolida cada vez con mayor énfasis una nueva tarea para la clásica institución escolar: si bien el objetivo fundacional de la escuela moderna –a saber el pedagógico– sigue existiendo, observamos que por lo menos las escuelas con las que venimos trabajando aparecen en la experiencia y en la significación cotidiana de los alumnos como un espacio de referencia fijo, un lugar "seguro" o por lo menos estable para llegar y permanecer de lunes a viernes. Como dijimos, la casa familiar aparece como un territorio móvil o vacío de contacto humano, mientras que la escuela está ahí, pase lo que pase, abre a la mañana y cierra a la tarde:

> Ellos sienten que la escuela es parte de su identidad, incluso algunos se quieren quedar después de clase, le tenemos que decir 'te tenés que ir a tu casa'[24].

[21] En esta dirección un estudio reciente indica que para docentes y estudiantes de distintas regiones de la Argentina, los significantes con los cuales identifican a la escuela son: protección, contención, pertenencia. BRITO, A., *La escuela media hoy desde la visión de alumnos y docentes*, ponencia presentada en las Primera Reunión Nacional de Investigadores en Juventudes, organizada por la Red de Investigadores en Juventudes Argentina (RENIJ), Facultad de Trabajo Social de la UNLP, La Plata, 2007.

[22] Extracto de grabados de entrevista a chicos de la Escuela CRGSM

[23] DUSCHAZKI y COREA, *Chicos en la banda. Los caminos de la subjetividad en el declive de las instituciones*, Buenos Aires, Paidos, 2005.

[24] Extracto de grabados de entrevista a chicos de la Escuela CRGSM

> M llega a las siete y media a la escuela, es el único lugar fijo y seguro que tiene. No tiene un lugar, pero él sabe que seguro es la escuela desde las siete y cincuenta. Los padres le pegan y nosotros intervinimos. Entonces, mejor que esté acá. Por lo menos que no delincan o que los padres no les peguen[25].

La escuela se constituye, entonces, en un refugio, en un espacio de contención tanto físico como afectivo, porque más allá del tipo de vínculo que se establezca con los adultos que encarnan la autoridad (ya sea de hostilidad, ya sea de comprensión), el dispositivo institucional garantiza la construcción del lazo social:

> "Es la necesidad de que pongas la mirada en ellos, aunque sea para retarlos. No se van, cuando tienen horas libres se quedan en la escuela"/ "Se sienten solos, necesitan ser mirados, escuchados"[26].

Además, y esto aparece con mucha claridad cuando les pedimos que expresen lo que más les gusta de su escuela, la interacción entre pares, "la compañía", se constituye en la experiencia más valorada por los chicos, sobre todo cuando se ha compartido un proceso de varios años en un mismo grupo-clase:

> (...) a mí no me gusta levantarme temprano para venir a la escuela pero cuando llego y me junto con mis amigos, ahí si, me empieza a gustar venir a la escuela[27].

Se va consolidando así cierta "lógica afectivista" que atraviesa el proyecto escolar es decir, los objetivos y los intercambios que hasta ahora se consideraban propios de este espacio (a saber, lo pedagógico), muchas veces se corren del primer plano y emergen en la escena cotidiana múltiples registros que remiten a la calidad de los vínculos, a la posibilidad de despliegue de la afectividad, al buen trato que dispensen los docentes hacia los alumnos. Así, por ejemplo, cuando les pedimos a los chicos que nombren los atributos de los "buenos profesores", aparece en primer plano la "buena onda", con lo cual coincide la propia directora cuando exalta las condiciones humanas que los docentes deben tener para trabajar con estos chicos:

> (...) hay como un "choque" en la forma de ver la vida, porque hay docentes que no están acostumbrados a trabajar con este tipo de chicos. La opción es clara, se acomodan a los chicos y a la escuela o se buscan

[25] Extracto de grabados de entrevista a chicos de la Escuela CRGSM
[26] Extracto de grabados de entrevista a chicos de la Escuela CRGSM
[27] Extracto de grabados de entrevista a chicos de la Escuela CRGSM

> otros lugares. Otros profesores son geniales, tienen "onda", y pueden desarrollar sus clases[28].

Como puede verse, las cualidades didácticas en el vínculo docente-alumno aparecen subordinadas a las disposiciones para establecer empatía con el otro, escucharlo y comprenderlo en su realidad específica:

> No son chicos difíciles de llevar, hay que abrirse como ser humano. Si yo en alguno de mis alumnos veo a un posible hijo mío, hago lo mejor por él. No puedo ponerme en pose de desprecio, de no contención[29].

Esta lógica, en la que priman los sentimientos desplegados en la sociabilidad propia de la escuela, remite al corrimiento de la función contenedora que parece estar produciendo la familia, pero además cabe preguntarse sino se constituye en una especie de estrategia de adaptación de la escuela frente a las demandas de "afectación subjetiva" que los alumnos le hacen y que, de paso, posibilita la persistencia de cierta operación pedagógica, al menos porque garantiza la permanencia del joven en el espacio escolar. En este sentido, nos llaman la atención estas expresiones de una directora: "*Lo que pasa con la chica que atiende el kiosco es para hacer un estudio sociológico. Ellos van a comentarle, a hablar con la kiosquera que es una divina y nos va pasando datos de los chicos*"[30].

Otra línea de significación que se abre en esta primera aproximación tiene que ver con que la escuela se constituye en algo así como una "*concentradora de beneficios*" derivados de la captación de planes, subsidios, etc. que, en tanto política pública que tiene como blanco a las instituciones educativas, en forma directa o indirecta intenta paliar la situación de vulnerabilidad social en la que los adolescentes se encuentran. Así, por ejemplo, una de las directoras nos relataba en una de las entrevistas los distintos proyectos que ella ha "traído" a la escuela:

> Está el "Todos a estudiar" para que los que dejaron vuelvan a la escuela, es dos veces a la semana. También el Programa de talleres, actividades recreativas y deportivas juveniles que se dan los días sábados en la escuela, es a nivel nacional. Tiene que ver con dar un espacio de recreación que escasea en el ámbito del barrio. Es para los chicos que están fuera de la escuela, como los limpiavidrios, que no tienen otro lugar[31].

[28] Extracto de grabados de entrevista a chicos de la Escuela CRGSM
[29] Extracto de grabados de entrevista a chicos de la Escuela CRGSM
[30] Extracto de grabados de entrevista a chicos de la Escuela CRGSM
[31] Extracto de grabados de entrevista a chicos de la Escuela CRGSM

Esta se constituye en ella en una suerte de disposición subjetiva a incorporar a la escuela cada vez más proyectos: *"Cuando yo voy a las capacitaciones y me entero de algo, levanto la mano y les pido para la escuela"*[32].

Pero, por otra parte, es posible leer esta situación microsocial como la expresión del estilo que asume la política social dirigida a la problemática juvenil en nuestro país: se trata de un entramado, fragmentario, disperso, de acciones gubernamentales, respecto de las cuales cabe interrogar su coherencia y grado de impacto sobre la problemática que intentan atender.

[32] Extracto de grabados de entrevista a chicos de la Escuela CRGSM

La Regionalización en la Provincia de Córdoba

Marcelo Montes – Silvina Irusta – Gabriela Mansilla – Daniela Kunz

Introducción

En la República Argentina, los conflictos sociopolíticos de los últimos meses han devuelto a la agenda pública, temáticas que requieren soluciones estructurales a problemas colectivos de larga data, que se han ido posponiendo, en aras de favorecer la atención de cuestiones de mayor coyuntura. Entre otros asuntos públicos, ostentando nuestro país, un modelo de "pluralismo institucional", la relación entre Nación, Provincias y Municipios –abarcando vínculos financieros, regulatorios y de representación política– ha asumido un carácter de relevancia que no merece ser nuevamente relegado.

En este contexto y, compartiendo con la Doctora Parmigiani de Barbará, que el país no ha dejado en el último lustro de poseer "*un sistema de Relaciones Intergubernamentales –en adelante, RIG– débilmente institucionalizado*"[1], nuestra provincia de Córdoba ostenta el orgullo de ser una jurisdicción pionera en la promoción de cambios institucionales de envergadura, intentando "empoderar" a los gobiernos locales. Lo fue en los años '80, cuando su flamante Constitución de 1987 ayudó a pergeñar un sistema de partidos más pluralista que a nivel nacional, además de consagrar la autonomía municipal cuando pocas provincias, hasta ese momento, lo habían hecho. Hacia fines de los '90, sus constituyentes volvieron a debatir y, tras la Constitución de 2001, plasmaron la unicameralidad legislativa. Finalmente, a fines de 2004, la misma Legislatura sancionó la Ley 9.216 que concretó la regionalización de toda la provincia, que poseía ya ciertos antecedentes, en los

---

[1] Este se caracteriza por la permanente existencia de decisiones e implementaciones de coordinación jerárquica, enmarcadas en históricas asimetrías socioeconómicas entre provincias y regiones, con un bajo capital social (en el sentido del sociólogo norteamericano Robert Putnam) y en un estilo de hacer política sesgado excesivamente hacia comportamientos clientelares, oportunistas y basados en la "cultura del atajo". PARMIGIANI DE BARBARA, M., "El reordenamiento territorial de las políticas públicas en la República Argentina: propuestas, concreciones y perspectivas, miradas desde la crisis", ponencia presentada en el Congreso Internacional del CLAD sobre la Reforma del Estado y de la Administración Pública, Panamá, 28 al 31 de octubre, 2003, págs. 22-23; PETRIZZO PÁEZ, M., "Redes e institucionalización: vinculando evidencias empíricas y redes políticas", en *Redes*, Revista Hispana para el Análisis de Redes Sociales, Universidad Autónoma de Barcelona, Barcelona, 2004, pág. 7.

Entes intermunicipales "de recaudación y gestión", nacidos en el año 2000, bajo la sombra de la crisis fiscal y el ahogo financiero de fines de la década anterior[2].

Si bien es prematuro formular un balance de dicho proceso regionalizador, cabe esbozar cuáles han sido las líneas directrices del mismo, los aportes teóricos que sustentan dichas políticas públicas y sus perspectivas en un futuro mediato. Para ello, debe considerarse la persistencia de ciclos políticos y económicos que en Argentina tienden a reproducirse y que, indudablemente, obran como factores gravitantes sobre la conducta fiscal y gerencial de la provincia de Córdoba y sus propios municipios.

También, como una variable a tener en cuenta, debe resaltarse el proceso globalizador, que actúa como un desafío para gobiernos locales y regionales, e incluso nacionales, que debe sortear la restricción de su lejanía con los centros de poder mundial.

Precisamente, la debilidad institucional de los gobiernos locales es un elemento de vulnerabilidad ante la globalización. El denominado inframunicipalismo que padece la Provincia de Córdoba, con fragmentación y baja sustentabilidad de muchos de sus gobiernos locales, es un testimonio elocuente de aquella debilidad[3].

Se supone que los gobiernos son juzgados tanto por lo que hacen como por lo que son. Por ende generan múltiples programas y organizaciones, así fomentan "capacidad institucional"; la cual, para un gobierno reducido es un problema mayor. La complejidad de la función de un gobierno ha aumentado en términos de las diversas responsabilidades y las tecnologías necesarias para administrar programas. A

---

[2] La propia Constitución de 1987, en su artículo 190, había dejado abierta la posibilidad –inédita hasta ese momento– de generar organismos intermunicipales, con personería jurídica de Derecho Público. Fruto de esa normativa nacieron en el norte y sur de la Provincia de Córdoba, EINCOR y ADESUR, respectivamente.

[3] Esta provincia de 165.321 km^2 y una población de 3.061.611 habitantes, cuenta con una gran cantidad de unidades político-administrativas locales: su número asciende a cuatrocientos veintisiete (249 municipios y 178 comunas), es decir, un promedio de 7.170 habitantes por localidad. Pero si se tiene presente que Córdoba Capital concentra 1.267.774 habitantes y que hay siete ciudades con más de 30.000 habitantes que totalizan en conjunto el número de 450.463 y estos valores se restan del total poblacional, el promedio baja sensiblemente a 3.206 habitantes por localidad. Los guarismos adquieren mayor significación advirtiendo que existe además una cantidad importante de gobiernos locales con menos de 1.000 habitantes. Por otra parte, hay muchas poblaciones con menos de 2.000 habitantes que revisten el carácter de Municipios y no de Comunas, contrariando las previsiones constitucionales e incrementando la debilidad institucional. PARMIGIANI DE BARBARÁ, "El reordenamiento...", Op. Cit., págs. 20-21.

las tareas meramente operativas y ejecutoras, se suman actuaciones de horizonte estratégico[4] [5].

Sin embargo, hoy, constituye una oportunidad, este entorno globalizador a cuya complejización ha contribuido el desarrollo de los propias localidades como unidades de acción y decisión relativamente autónomas y dentro de una tendencia general de la gestión pública, caracterizada por la flexibilidad, la horizontalización y la búsqueda de consensos, frente a la rigidez, la jerarquía y la imposición "desde arriba". Hoy, los gobiernos locales se ven compelidos más que nunca, a definir, modelos económicos, sociales y territoriales para sus ciudades. Según las novedosas teorías de crecimiento endógeno, en la actualidad, son los gobiernos locales, y no los nacionales, los que definen políticas para ello, por su proximidad en la gestión, de tal modo, los espacios locales maximicen las oportunidades que brinda la globalización[6].

La regionalización puede ser una respuesta válida para congeniar lo local y lo global. Como bien señala Parmigiani de Barbará, el desarrollo de reglas formales, negociaciones y conductas efectivas reiteradas de cooperación intermunicipal puede producir entonces importantes innovaciones que remedien la debilidad de los gobiernos locales.

---

[4] AGRANOFF, R., "*Política y Sociedad*", 13, Madrid, 1993, pág. 87. Para gobernar, los responsables públicos deben convertir los recursos disponibles en actuaciones con resultados. La movilización de estos recursos tiende a producirse, cada vez en mayor medida, sin sujeción a los límites formales entre organizaciones y unidades de gobierno, dando lugar a la necesidad del estudio y la práctica de las RIG.

[5] Según el profesor norteamericano, de la Universidad de Indiana, Robert Agranoff, la capacidad institucional es la que posee un gobierno cuando puede prever ejercer influencia sobre los cambios; adoptar decisiones políticas informadas e inteligentes; captar y absorber y gestionar recursos y evaluar actividades actuales a fin de orientar la actividad futura. La construcción y el desarrollo de capacidad institucional es muy importante. Se pueden mencionar como indicadores de capacidad gubernamental: la existencia de planificación estratégica, el análisis de datos comunitarios, la renovación y motivación de los RRHH, la presencia de personas competentes en áreas clave, las prácticas de sana gestión fiscal, los procesos abiertos en la toma de decisiones. Se reconocen condicionantes externos como las RIG, el tipo de federalismo y el marco jurídico nacional e, internos: como el tipo de conducción, la estructura administrativa y la reglamentación interna. RAMOS GARCÍA, J., "Gestión intergubernamental y capacidad estratégica en el desarrollo local y regional fronterizo", *Región y Sociedad*, El Colegio de Sonora, Vol. XIV, Nº 25, 2002, México, págs.170-173.

[6] La inmediatez de relaciones puede tornar a los gobiernos locales más permeables a las presiones de los grupos de interés y a los vaivenes de la política, a la vez que los sistemas de auditoría y control en general son más rudimentarios, pero precisamente por ello, esa cercanía otorga mayor visibilidad y constituye el control más efectivo. El menor grado de deslegitimación que los políticos y funcionarios locales han sufrido con respecto al resto en la actual crisis político-institucional de Argentina, estaría corroborando empíricamente esta última hipótesis. PARMIGIANI DE BARBARÁ, *Repensando las relaciones intergubernamentales locales desde el enfoque neoinstitucional: un análisis de caso*, Red Muni, Córdoba, 2002, pág. 3.

Desde la Ciencia Política, a través del Análisis de Políticas Públicas, puede afirmarse que tanto los enfoques de las Relaciones Intergubernamentales (RIG) como la Gestión Intergubernamental (GIG) como la Gobernanza y las "policy networks" (redes de políticas), han contribuido a ilustrar, en las últimas dos décadas, procesos como el que vive Córdoba en los últimos años.

Coincidiendo con la convocatoria de Sergio Boisier a forjar una nueva "epistemología regional", consideramos al igual que Parmigiani de Barbará, que los tres enfoques citados permiten detectar y describir las interrelaciones entre los actores societales[7].

Esta observación es válida aún en entornos caracterizados por la incertidumbre, crisis e inestabilidad y con instituciones poco afianzadas socialmente, en la cual sigue siendo posible analizar patrones decisionales bajo los marcos explicativos citados[8].

Creemos oportuno subrayar que no es conveniente encasillar estos enfoques dentro de un determinado paradigma o planteo ideológico, por ejemplo, una teoría democrática-elitista, en contraste con una democrática deliberativa. Nuestra postura pretende una convergencia entre estos marcos con una verdadera democratización de los espacios públicos, ampliando el concepto de "sector público", sin necesidad de enfrentar tales teorías como dicotómicas[9].

Las RIG y la GIG

Hace más de dos décadas, los norteamericanos Agranoff y Lindsay sostuvieron las diferencias y relaciones entre las RIG y la GIG.

Basándose en análisis empíricos de organismos intergubernamentales en seis áreas metropolitanas de Estados Unidos, ambos autores sostenían que las Relaciones Intergubernamentales (RIG) se refieren al análisis y comprensión del conjunto de interacciones entre unidades de gobierno. Sin embargo, claramente esta

---

[7] PARMIGIANI DE BARBARA, M., "Governance regional", ponencia presentada en el Primer Congreso Nacional de Administración Pública, Buenos Aires, 2001, pág. 14.

[8] PETRIZZO PÁEZ, "Redes e institucionalización..." op.cit., pág. 1.

[9] En tal sentido, nuestra posición difiere de otras como la esgrimida, por ejemplo, por Caldera Ortega. CALDERA ORTEGA, A., "Gobernanza y proyectos políticos: una revisión crítica desde la teoría normativa de la democracia", en *Documentos de Trabajo de FLACSO Virtual*, FLACSO México, en http: www.flacsomexico.edu.mx/documentos/index, págs. 1-15; CONEJERO PAZ, E., PIZARRO SARA, E., "En busca de la gobernanza democrática local", ponencia presentada en el VII Congreso Español de Ciencia Política y de la Administración, Democracia y Buen Gobierno, Madrid, España, 2007, pág.13.

definición no capta suficientemente los papeles vitales y dinámicos de política y administración asumidos por los administradores públicos. Mientras las RIG identifican a los actores del sistema y la forma cómo se relacionan, la GIG provee los recursos necesarios para entender por qué interactúan estos niveles, cómo lo hacen y si es posible intervenir en el sistema.

Entonces, la GIG tiene una orientación pragmática, porque hace referencia a la acción, la ejecución y, la resolución cotidiana de aquellas interacciones y problemas, con la finalidad de lograr una solución. La GIG sería la parte de las RIG que resalta el logro de las metas de estas relaciones, mientras que la administración es un proceso por el cual los funcionarios cooperadores encaminan sus acciones hacia alguna meta. Es decir, la GIG haría hincapié en el proceso por el cual se satisfacen ciertos objetivos específicos; por lo tanto, que la política se ubica dentro de un contexto gerencial, y no como su antecedente[10].

El discurso tradicional sobre la jerarquía entre niveles de gobierno constituye una simplificación abusiva de la realidad. A menudo, el gobierno central fija las condiciones de prestación o establece los parámetros de los servicios, pero no los administra. Como resultado, la implicación de diversas instituciones pertenecientes a distintos niveles de gobierno, sugiere una situación de interdependencia. En resumen, la actuación pública implica la presencia de una dimensión territorial en el ejercicio de la autoridad junto al desempeño de determinadas responsabilidades funcionales. La clásica concepción unitarista o monolítica del Estado ha quedado superada. No estamos ante un todo indiferenciado, sino en presencia de una realidad compleja en la que hay lugar para el conflicto, el juego político y las relaciones de intercambio[11].

En dicho marco, los procesos de gobierno se realizan mediante interacciones entre múltiples estructuras de decisión, lo cual implica configuraciones multiorganizativas, a saber:

a) Vínculos que surgen de los imperativos funcionales de la coordinación de los programas.

b) Las múltiples instituciones (públicas y privadas) que intervienen en los mismos programas.

c) La autoridad legal y la responsabilidad financiera del gobierno central.

d) La participación de los gobiernos subnacionales en programas nacionales,

---

10 MARANDO, V., y FLORESTANO, P., "La Administración Intergubernamental: el estado de la disciplina", en LYNN, N., y WILDAVSKI, A. (Comp.), *Administración Pública: el estado actual de la disciplina,* Colegio Nacional de Ciencias Políticas y Administración Pública, A.C., México, FCE, 1999, págs. 379, 380 y 381.

11 AGRANOFF, R., *Política y sociedad,* op.cit., pág. 87.

"uniendo las políticas públicas lo que las Constituciones separan"[12].

Características

a) Trascienden las pautas de actuación gubernamental constitucionalmente reconocidas, abarcando incluso las organizaciones parapúblicas. Superan los enfoques constitucional-legales y los conceptos históricos de federalismo y unitarismo, complementándolos, a fin de tener en cuenta las "nuevas realidades". Incluyen así, una amplia variedad de relaciones entre el nivel nacional y el local, entre el nivel intermedio (estatal, regional o provincial) y el local, así como entre las distintas unidades de gobierno local.

b) Incluyen un conjunto de conductas interactivas que ligan a los funcionarios públicos nacionales con los cargos electos locales, mediante la construcción de consensos, el ajuste mutuo y el compromiso.

c) El punto b) supone continuos contactos e intercambios de información y de puntos de vista, en aras de que los asuntos públicos se encaminen, bajo un marco de reglas de juego y valores como el pragmatismo, la justicia, el compromiso, la despolitización y la confianza. Adquiere relevancia que "los asuntos salgan adelante". Esto se consigue a través de diversos mecanismos informales, prácticos y orientados a fines concretos, desarrollados dentro del marco formal y legal en que se desenvuelven los distintos actores. Por otra parte, las reglamentaciones, procedimientos y directrices de interpretación que acompañan a la normativa y a las subvenciones intergubernamentales son parte de los medios usuales de intercambio entre los distintos niveles del gobierno[13].

d) Cualquier tipo de empleado público (electo o no) es un participante en los procesos intergubernamentales de adopción de decisiones.

e) Existe una dimensión política en las RIG: son las intenciones, acciones e inacciones de los empleados públicos, así como las consecuencias de dichas acciones. Esto incluye la formulación, la implantación y evaluación de las políticas públicas, particularmente en decisiones de gasto público, financiamiento y objetivos de programas[14].

Las diferencias entre sistemas federales y unitarios no gravitan decisivamente en las RIG. En realidad, lo verificado en los sistemas federales es equivalente a los mecanismos multiorganizativos de los sistemas unitarios. Si bien en éstos, el

---

[12] AGRANOFF, R., "Las relaciones y la gestión intergubernamental" (capítulo 5), en BAÑON, E., CARRILLO, R. (Comp.), *La nueva administración pública, Madrid,* Alianza, 1997, págs. 126-127.

[13] AGRANOFF, R., *Política y sociedad,* op.cit.

[14] AGRANOFF, R., "Las relaciones y la gestión..." op.cit., pág. 127-129.

control nacional sobre las fuentes de recaudación es mayor y existe algún tipo de distribución territorial de las funciones de gobierno, hay pocas diferencias no legales con los sistemas federales. Hoy puede comprobarse la existencia de fuerzas modificatorias: Ministerios con estructuras subnacionales, consejos provinciales, comités provinciales, minorías nacionalistas, étnicas y religiosas, fuerzas ideológicas descentralizadoras o autonomistas, políticas de subvenciones fiscales. Entre todos hacen aportes para modificar la naturaleza misma de los sistemas unitarios.

Por su parte, también los sistemas federales han recurrido a situaciones de mayor control nacional: entidades supervisoras, normas de condicionalidad para la ayuda financiera, topes sobre los excesos presupuestarios locales, asunción progresiva de programas sociales u obras de infraestructura, etc. Todos ellos, son ejemplos de una tendencia a la centralización de los sistemas federales.

Esta convergencia, no obstante, no demuestra la inmediata y automática conversión de sistemas unitarios en federales y de éstos en aquéllos[15].

Relación Estado - RIG

Las RIG fiscales

Se sabe que el gobierno central es el mayor receptor de los recursos fiscales y luego los distribuye mediante diversos mecanismos, como por ejemplo, la asignación de las transferencias de los ingresos. La capacidad recaudatoria local tiene un carácter subordinatorio y, además, varía según cada país. Por ejemplo, Canadá y Suiza tienen una recaudación de los gobiernos locales y regionales, del 46 y el 41%, respectivamente. Mientras en los sistemas federales, los gobiernos subnacionales recaudan a través de sus impuestos, el 32% del total, en los sistemas unitarios, sólo el 14% no corresponde a los gobiernos unitarios.

Las subvenciones intergubernamentales

Mucho se discute acerca de la conveniencia o no de las condicionadas e incondicionadas. También, se evalúan su impacto económico y la clase de vínculos políticos que crean. Respecto a lo primero, según parte de la literatura, estas ayudas financieras subvencionan programas que reportan beneficios al margen de la jurisdicción, actúan en pro de la eficacia y la equidad y equiparan la capacidad fiscal entre diferentes jurisdicciones. Pero también puede afirmarse que inducen a incrementos en los presupuestos (el famoso “efecto imán” de Wallace Oates, donde los recursos “llegan para quedarse”) o en caso de recortes, los gobiernos las sustituyen por nuevos impuestos. En otros casos, puede evaluarse

[15] Ibidem, pág. 129-132.

el impacto de las subvenciones sobre los programas políticos de los gobiernos subnacionales, sobre las reivindicaciones enfrentadas, la generación de marcos de conflictos y cooperación[16].

La regulación intergubernamental

Se alude aquí a los "mandatos sin financiación", es decir, al establecimiento de normas sobre cuestiones territoriales. En otras palabras, las disposiciones para que un gobierno subnacional no se dedique a ciertas actividades o los requerimientos de prestación de servicios que representan costumbres culturales no contempladas en leyes. Mucho se discute acerca de si la tarea regulatoria es nacional, local o de alguna forma, negociada. En Argentina, por ejemplo, en cuestiones públicas como el tránsito o el medio ambiente, se advierte una gran confusión normativa entre los tres niveles de gobierno.

Las estructuras gubernamentales

Los autores neoinstitucionalistas han definido que las instituciones gubernamentales son relevantes para la configuración de las pautas de interacción social. Por lo tanto, aquí son importantes los estudios comparativos sobre estructuras y capacidades de gobierno y sistemas de partidos. Pareciera que la tendencia se divide hacia la conformación de gobiernos regionales o de segundo nivel, como los de Bélgica, Francia, Italia, España y Japón, a los que deben sumársele Sudáfrica, Rusia y Suecia (en forma de "prueba piloto"). En los casos en los que órganos regionales tienen un status constitucional, con cargos representativos electos y poderes legislativos, como en España, los gobiernos regionales están adoptando configuraciones federales, siendo considerablemente más poderosos que meras autoridades descentralizadas. Tanto la eficacia administrativa como la necesidad de planificación regional como mecanismo para tratar las reivindicaciones étnicas subrregionales de la periferia e incrementar la democratización, son dos poderosas razones para impulsar la regionalización.

Prevalecen tres cambios organizativos: la consolidación de las organizaciones gubernamentales locales; la creación de las asociaciones intermunicipales y la creciente intervención de las ONGs en la gestión de programas. Al contrario de Estados Unidos, donde se verificó un crecimiento del número de unidades gubernamentales locales; en Europa, sobre todo al Norte, se han consolidado los gobiernos municipales y comarcales, con objetivos locales generales, con su subsiguiente reducción en número. En otros, han proliferado las asociaciones intermunicipales, activas en las áreas de recursos hidrológicos, la protección

---

[16] Ibidem, pág. 134.

contra incendios, la sanidad, los servicios de emergencia y los servicios sociales[17]. El tercer cambio está dado por la presencia de las ONGs, vinculadas al sector público a través de subvenciones, contratos o algún tipo de adquisición o remuneración de servicios. Esto reflejaría una menor confianza en el sector público para resolver los problemas públicos[18].

Las fuerzas políticas

Este punto puede subdividirse en tres: instituciones, ideología y partidos políticos. Respecto al primero, pueden mencionarse en Australia, al Consejo del Gobierno de Australia o Conferencia de Mandatarios; en Canadá, las Conferencias de los Primeros Ministros; y en Alemania, las conferencias regulares entre los líderes del Bund (primera Cámara) y de los Lander.

El papel clave de los líderes políticos es otro factor determinante en la política. En España, las posiciones de los líderes nacionalistas catalanes y vascos sobre el grado de autonomía respecto del gobierno central se articulan políticamente en dos frentes: el de las declaraciones y demandas públicas de contenido general para lograr una mayor autonomía y un menor control central, con el fin de posicionar las demandas y las presiones de los gobiernos regionales para conseguir concesiones nacionales.

Respecto al tercer punto, los acuerdos bipartidarios por ejemplo, los del PSOE-PP en España, sobre relaciones intergubernamentales han sido relevantes. También se verifica la intervención partidaria, en las relaciones Administración Central-Comunidad Autónoma. Esta praxis política fue ejercida por los partidos nacionalistas en el País Vasco y Cataluña, en el período postconstitucional, ejerciendo un "efecto demostración" para las otras regiones[19].

---

[17] Según un estudio de la Comunidad Valenciana, existen en la región, unos 394 consorcios de este tipo.

[18] AGRANOFF, R., " Las relaciones y la gestión..." op.cit., pág. 136-138.

[19] El especialista catalán Jacint Jordaná aporta una interesante reflexión. El espacio dejado por la ausencia de una mayor coordinación efectiva en el marco de las institucionales formales –en los países donde se rompió el centralismo– ha sido tomado en buena parte por la dinámica del funcionamiento de los partidos políticos en la región, muy necesitados de nuevos espacios donde obtener recursos. En este sentido, tanto su capacidad de negociación directa, como los procesos de decisión que se articulan dentro las propias organizaciones partidarias, los comportamientos puramente competitivos basados en la defensa de intereses electorales, o las tensiones territoriales de poder son distintos exponentes de su forma de actuación en el nuevo contexto de la descentralización. Dadas estas condiciones, sin que existan otros elementos para matizar este tipo de situaciones, lo que sucede más fácilmente es que las relaciones intergubernamentales se caractericen luego por un gran predominio del partido que domina el gobierno central sobre los gobiernos subnacionales –algo fácilmente verificable en nuestro propio país–. JORDANA, J., "Relaciones Intergubernamentales y descentralización en América Latina: una

En la Provincia de Córdoba, la no institucionalizada Mesa de Gobierno Provincia-Municipios, que data de 1999, y se reúne semanalmente todos los martes, es un ejemplo elocuente de este quinto punto[20].

Las acciones burocráticas y las comunicaciones intergubernamentales

Se refieren a las pautas de acceso de los empleados locales a los gobiernos centrales: pueden ser según los países, asociaciones de autoridades locales, canales profesionales funcionales y las elites partidarias. Por supuesto, también se verifica un importante control central, por ejemplo, el ejercido por los prefectos o comisarios en un país bastante centralista como Francia, monitoreando la evolución de los gobiernos locales.

Gestión Intergubernamental (GIG)

La GIG hace referencia a las relaciones y transacciones cotidianas entre los componentes de las distintas unidades de sistemas de gobierno territorialmente complejos. El concepto hace hincapié en los procesos dirigidos a la consecución de objetivos, ya que la gestión es un proceso en el cual diversos empleados públicos cooperan para encaminar sus acciones hacia las metas que se han propuesto. Se incluye aquí la perspectiva estratégica que explica cómo y por qué existen cambios interjurisdiccionales.

El británico W. Rhodes enumera además una serie de estrategias de gestión: utilización burocrática de los recursos, cooptación de las autoridades locales de cara a los procesos de adopción de decisiones en el nivel central, procedimientos de consulta con los gobiernos locales, negociación e intercambio de recursos, confrontación en casos de disconformidad, captación de aliados a través de la infiltración en otras unidades de gobierno, elusión recíproca de distintos actores en persecución de los objetivos que les son propios, utilización de incentivos financieros, creación de espacios profesionales exclusivos, y simplificación de los problemas mediante su segmentación. El autor señala, asimismo, la necesidad de un análisis exhaustivo de la dinámica de estas relaciones de poder y dependencia entre el centro y los gobiernos locales, provocadas por la existencia de unos ministerios que no ejecutan sus propias políticas y de elites fragmentadas[21].

perspectiva institucional", Documento de Trabajo I-22EU, BID / INDES, Washington DC, 2001, página 15.

[20] BERNAL, M., DESTEFANIS, C. y LARDONE, M., "La institucionalización de las relaciones intergubernamentales. Un análisis de la Mesa Provincia-Municipios en la Provincia de Córdoba", ponencia presentada en el Congreso de la SAAP, Buenos Aires, 2007, página 21.

[21] AGRANOFF, R., *Política y sociedad*, op. cit.,

Hay tres condiciones que favorecen la gestión cooperativa o por redes:

1) la creciente importancia de una conducta basada en el cálculo o análisis costobeneficio, interviniendo en el juego del reparto de fondos coparticipados y evaluando el riesgo que supone el incumplimiento de las normativas;

2) la capacidad de desviar o intercambiar recursos recibidos para un propósito concreto a fin de conseguir otro;

3) la sobrecarga del sector público, lo cual conduce a sobrecostos, ineficacia y sobrerregulación.

La gestión implica un proceso de planeamiento estratégico, un liderazgo y una visión, trazando un rumbo de futuro. Cuando se sabe lo que se quiere conseguir, los recursos pueden llegar y así, financiar proyectos institucionales de largo alcance.

La GIG sugiere trabajar "codo a codo" con los funcionarios y empleados de organismos estatales centrales. Tanto a nivel de asistencia técnica como en materia crediticia, éstos pueden ser útiles para generar nuevas oportunidades o simplemente, lograr nuevos recursos. La GIG necesita expertos en hacer contactos y en comunicar programas, además de discutir y buscar interpretaciones administrativas y alcanzar entendimientos mutuos.

Otra dimensión de la GIG es la difusión del concepto de gobierno contemporáneo ("catalizador", en términos de Osborne), que se refiere a la utilización de técnicas de intervención e influencia para atraer recursos del sector privado y combinarlos con los recursos públicos: subsidios directos, bonos de rentas, préstamos, exenciones fiscales, etc. Para conseguir ventajas en los recursos, los directivos han de poseer un amplio conocimiento del abanico de posibilidades financieras. También habrá que establecer las redes horizontales; es decir, la conformación de los entes mixtos, con una lógica de racionalidad programática, a cargo del gerenciamiento del uso de dichos recursos. Por supuesto, que el uso de redes ("policy networks") es un proceso de adopción de poder compartido que requiere no sólo asistencia externa, sino sobre todo capacidades internas para lograr una dirección, una decisión y una ejecución interactivas. Esto es lo que muchas veces falta en las configuraciones institucionales, precariamente existentes a nivel local[22].

De todos modos, como bien advierte el profesor catalán Carles Ramió Matas, a propósito de la experiencia de la Generalitat de Cataluña, toda política de redes, incluyendo al sector privado, requiere alejarse del modelo de administración es-

---

[22] OSBORNE, D., y GAEBLER, D., *La reinvención del gobierno*, Barcelona, Paidós, 1992, págs. 55-84.

tatal burocrática y avanzar hacia una gestión ágil, flexible y horizontalizada, precisamente para aumentar la capacidad gubernamental de planificación y control de dichas redes prestadoras de servicios[23].

Una cuarta función de la GIG es incrementar la capacidad del gobierno; es decir, utilizar las redes de contactos y canales de comunicación de los funcionarios, para explorar e intentar abrir nuevas vías de oportunidades. Las programaciones especiales en las Zonas Económicas Especiales (ZEEs) de China, constituyendo formas autorizadas de eludir reglamentos, normas y directrices (por ejemplo, regulaciones federales), constituyen casos ilustrativos de un aumento en las capacidades gubernamentales.

En quinto término, puede mencionarse la elaboración conjunta de políticas públicas o colaboración en el proceso de la elaboración de políticas. Tanto de manera formal como informal, es común observar en Estados Unidos o Alemania, comités mixtos que trabajan conjuntamente, elaborando políticas públicas.

Finalmente, la GIG supone trabajar a nivel de reorganización gubernamental, buscando la provisión de servicios, a escalas suficientes. Tanto en Estados Unidos, como en Guangdong (China) como Suecia, son ejemplos de intentos de búsqueda de fórmulas comarcales, regionales o cooperativas, para aumentar la eficiencia de los programas y mejorar la gestión[24].

La Gobernanza

El concepto de "gobernanza" se remonta al término griego *kybernan* (dirigir, conducir) y es utilizado por primera vez de forma metafórica por Platón para denominar el fenómeno del modo de gobernar a los ciudadanos. En Francia, se ha utilizado el término "gouvernance" desde el siglo XIV. Asimismo, el Oxford English Dictionary registra una entrada de la voz "governance" en 1380. El término es recuperado a principios de los años noventa por académicos anglosajones para categorizar el arte o modo de gobierno de instituciones internacionales[25]. Se recurre así al término gobernanza, sin duda, poco utilizado, como equivalente del citado término anglosajón "governance", que algunos autores prefieren explicar desde su expresión anglosajona. En realidad, esta palabra es un neologismo derivado de la

---

[23] RAMIÓ MATAS, J., "La gestión de las autonomías", Diario *La Vanguardia*, Barcelona, 8 de enero 2002, pág. 21.

[24] AGRANOFF, R., "Las relaciones y la gestión...", op.cit., págs.147-161.

[25] IGLESIAS, A., "Gobernanza y redes de acción pública: la planificación estratégica como herramienta de participación", ponencia presentada en el Cuarto Seminario Internacional sobre Gobierno y Políticas Públicas, Culiacán, Sinaloa, 1 de julio 2005, pág. 1.

Economía, siendo empleado por primera vez, en 1979, por Oliver Williamson, en el marco de la teoría de los costos de transacción[26].

Si bien no hay unanimidad en la reciente literatura acerca de la traslación de dicha voz al castellano, la Academia Española de la Lengua, como bien señala la catalana Nuria Font, lo traduce por *gobernanza*. Nos atrae la noción que del término "*Governance*" brinda el Governance Working Group del Instituto Internacional de Ciencias Administrativas:

> *Governance refers to the process whereby elements in society wield power and authority, and influence and enact policies and decisions concerning public life, and economic and social development. Governance is a broader notion than government. Governance involves interaction between these formal institutions and those of civil society*[27].

Joan Prats denominó a la *gobernanza* como gobierno relacional o en redes de interacción público-privado-civil a lo largo del eje local/global. El concepto ha sido utilizado en diversas subdisciplinas de las Ciencias Sociales, y a pesar de las diferencias, en su definición, Jan Kooiman asegura que todas tienen elementos comunes tales como el énfasis en las reglas y las cualidades de los sistemas, la cooperación para incrementar la legitimidad y la eficacia y la atención a nuevos procesos y acuerdos público-privado. No se puede negar que el término se haya puesto de moda, pero sí es cierto que su éxito aparente reside en que refleja la necesidad social de nuevas iniciativas basadas en la realización de crecientes interdependencias sociales. Se produce una concientización de las limitaciones de la tradicional forma de gobernar y de la necesidad de dar respuestas a los problemas sociales que requieren un mayor número de enfoques e instrumentos[28].

Lo que debe destacarse es que la gobernanza no significa la anulación de las anteriores formas de gobernar (burocracia y gerencia), sino que viene a buscar una modulación y reequilibrio de las mismas. No tiene pretensiones de universalidad sino que sirve para entender positivamente y reformar normativamente la estructura y procesos de gobierno en los que resultan inapropiados la burocracia y la gerencia pública tradicionales. Podemos afirmar entonces que la gobernanza implica una forma de conciencia de que los gobiernos no son hoy los únicos actores que enfrentan las grandes cuestiones sociales; también forman parte los actores de la

---

[26] CONEJERO PAZ, E., PIZARRO SARA, E., "En busca de la gobernanza..." op. cit., pág. 14.

[27] IGLESIAS, A., "Gobernanza y redes de acción pública...", op. cit., pág. 1.

[28] Según Jan Kooiman, esta demanda se produce ante los nuevos roles y la expansión de las ONG en numerosos lugares del globo, en grupos de intereses especiales que se van implicando en los asuntos de gobernanza y en la emergencia de iniciativas comunitarias locales en diferentes formas y áreas de gobierno. Las empresas privadas también reconocen cada vez más sus responsabilidades sociales en áreas históricamente ignoradas, como la protección del medio ambiente, la participación de los consumidores y la creación de empleo formal.

sociedad civil. Se reconoce una interdependencia y necesidad de cooperación para la realización del los intereses generales.

La gobernanza convive con la burocracia y con la gerencia designando la búsqueda de un "buen gobierno", requiriendo flexibilidad, interacción, visión estratégica, gestión de conflictos y construcción de consensos, al tiempo que exige transparencia y comunicación.

La clave de la gobernanza está en la deliberación de las cuestiones públicas que genere confianza en la estructura de interdependencia. Así, la *gobernanza* es el nuevo modo de gobernar a través de redes cooperativas y horizontales de autorregulación social y elaboración de políticas en las que se pierde la nitidez entre los límites públicos y privados y en donde los procedimientos de coordinación son horizontales; ya que los resultados se obtienen de una interacción entre una multiplicidad de actores interdependientes que influyen unos en otros. Se trata de un proceso más eficaz, en el cual los procedimientos son más flexibles y permiten un mejor aprovechamiento de los recursos y mejor adecuación a las decisiones y acciones.

La *gobernanza*, como modo de coordinación y regulación social, tiene una dimensión espacio-temporal e implica, no sólo un nuevo rol para el Estado en todos sus niveles territoriales, sino también una redefinición espacio-territorial de sus competencias derivado de la compleja articulación de fuerzas sociales, económicas y políticas[29].

Los politólogos británicos, Gerry Stoker y W. Rhodes, utilizaron el concepto de "Buen Gobierno", para referirse a este cambio conforme al cual se gobierna a la sociedad, a través de cinco propuestas principales, a saber:

El "Buen Gobierno" se refiere a un conjunto de instituciones y agentes procedentes del gobierno, pero también fuera de él;

Reconoce la pérdida de nitidez de los límites y las responsabilidades tocante a hacer frente a los problemas sociales y económicos;

Identifica la independencia de poder que existe en las relaciones entre las instituciones que intervienen en la acción colectiva;

Se aplica a redes autónomas de agentes que se rigen a sí mismas;

Reconoce la capacidad de conseguir que "se hagan las cosas", lo cual, no se basa en el poder del gobierno para mandar o emplear su autoridad. Considera que el gobierno puede emplear técnicas e instrumentos nuevos para "dirigir y guiar"[30].

---

[29] CÁCERES, P., "La Constucción sociopolítica de las regiones en la provincia de Córdoba", en *Políticas Municipales para el desarrollo local y regional*, Cap. IV, Serie PROFIM, Vol. 6, EDUCC, Córdoba, 2006.

[30] IGLESIAS, A., "Gobernanza y redes de acción pública...", Op. Cit., pág. 5.

El desarrollo regional entonces pasará a depender de la construcción social de los actores, tanto el gobierno como aquellos extragubernamentales, que avancen hacia esquemas o fórmulas de mayor cooperación entre sí.

Las policy networks o "redes políticas"

Desde el ámbito de la *gestión*, hoy, *We are smarter than me* –"Somos más inteligentes que yo"– es uno de los libros de mayor lectura en el mundo. El mismo fue escrito por Barry Libert (ex-consultor de Mc Kinsey y actual CEO de Shared Insights) y Jon Spector (Vicedecano de la Wharton School of Business), en coautoría con expertos de la misma Wharton y el MIT. Allí se habla sobre la importancia de las redes actuales, útiles para mejorar los procesos de toma de decisiones, el desarrollo de productos, los procesos de producción, la gestión y la rentabilidad, tanto privada como social[31].

Pero hablar de "inteligencia social", como la llamaba el Institute for the Future en sus *Perspectivas* publicadas en el año 2000, dista de ser una moda. El individuo hoy es un "networker": una persona que si bien corporiza los valores individuales y de la contracultura, al mismo tiempo, muestra su capacidad de aprovechar al máximo las nuevas herramientas para expresarse de cientos de maneras diferentes en un ámbito público repentinamente accesible y más ampliado que otrora.

Es decir, se trata de un "nodo inteligente" en la red, que no sólo se comunica reactivamente sino que toma la iniciativa, se atreve a aconsejar a los otros miembros de su comunidad porque los siente cerca, y disfruta la posibilidad de cultivar una identidad pública múltiple en los nuevos mundos virtuales. El mismo, que individualista y a la vez promotor de la capacidad colectiva, no se "alinea" y cruza las fronteras políticas, religiosas, educativas y económicas. El que, desde el centro de las redes que dan forma a su universo interconectado, gracias a las novedades constantes en materia de software social y herramientas de networking, redefine la forma en que vivimos, creamos, trabajamos, colaboramos, producimos y nos comunicamos. De manera no lineal, caóticamente, como todo parece ocurrir en estos tiempos. Se trata de una tendencia que no refleja la clásica metáfora estilo Matrix de una inteligencia artificial dominante, sino la de una inteligencia colectiva sociable, libre y creativa, en el que todos podemos ser más brillantes que cada uno[32].

Cabe preguntarse cómo se consolidaron las redes virtuales. Surgen como un legado de la "destrucción creativa" (schumpeteriana) de la última o la tecnológica

---

[31] GONZÁLEZ BIONDO, G., "Invisibles y poderosas", Revista *Gestión*, Vol. 12, Buenos Aires, noviembre-diciembre 2007, pág. 94.

[32] JENKINS, H., "Inteligencia colectiva", *Gestión*, Vol. 12, noviembre-diciembre 2007, pág. 112.

de la reciente década. Los propios modelos contractuales de mercado tradicional, basados en la lógica coasiana y el mundo de las jerarquías empezaron a resquebrajarse. En el actual esquema de producción social, son los signos sociales y no los precios, a lo Hayek o Mises, o las propias necesidades de resultados de los gerentes, los que disparan y coordinan las contribuciones de cada actor al proceso productivo. Se verifica una especie de autoorganización de recursos, recuperando una vieja ecuación: detrás de cada transacción, hay una relación que la sostiene. Ese es el valor central de la conectividad y las comunidades.

Puede citarse como modelos exitosos que testimonian este formidable cambio a Linux, Wikipedia, You Tube, Facebook y MySpace. Evadiendo las reglas tradicionales que dictan la reacción de los mercados o las limitaciones a la hora de decidir qué hacer y con quién, fijadas en la empresa tradicional; estas redes se sustentan en individuos descentralizados, independientes, sin otra influencia a la hora de evaluar información o recursos que su propio criterio y creatividad. Una creatividad, que dada la diversidad de particularidades que distinguen a los seres humanos, respecto a talento, experiencia, motivación, foco y predisposición actitudinal, les cuesta conseguir más con incentivos tangibles o reconocimientos intangibles. Por otra parte, esta creatividad no está determinada por la compatibilidad con el puesto que se ocupa. No es casualidad que se libre una eterna guerra por el talento en estos campos. Es allí donde radica el valor de la red. Actualmente, el desarrollo y producción de cualquier producto o servicio, requiere más que recurso físico, dos condiciones: capacidad de combinar una inmensa cantidad de información preexistente y capacidad de innovar[33].

Desde el ámbito de la Ciencia Política, al interior de las Políticas Públicas, ya en 1990, D. Knocke publicó un libro llamado *Political Networks* –"Redes Políticas"–, tal vez, uno de los mejores aportes abreviados del enfoque desde los años setenta. Tanto los británicos Marsh y Stocker como los españoles Gomá y Subirats, además de la alemana Renate Mayntz, luego, fueron forjando los contenidos de esta teoría sustentada en la coordinación horizontal de los procesos públicos.

Conclusiones

La revisión de la literatura en materia de innovación institucional nos sugiere destacar los siguientes aspectos en el análisis de los procesos de cambio, a fin de comprender el por qué de las demoras o bien las concreciones rápidas, así como los éxitos y los fracasos en el logro de los objetivos propuestos. Dichos aspectos (niveles de análisis) son:

[33] GONZÁLEZ BIONDO, G., "Invisibles y poderosos...", op. cit.

a) Las características del potencial reformable, según su naturaleza y complejidad (nivel 1).

b) Las estructuras de oportunidad política, tales como la existencia de una voluntad política firme en el sostenimiento del proyecto de innovación, las resistencias que éste genera, la capacidad para estructurar y reestructurar redes, los recursos significativos para la participación en las mismas y la construcción de un discurso legitimador, entre otros (nivel 2).

c) Las restricciones, presiones e incentivos económicos y financieros para la reforma, tanto endógenos como exógenos (nivel 3).

d) La extensión, profundidad y celeridad de las reformas intentadas (nivel 4).

La incidencia de todos estos aspectos podrán ser advertidos en el estudio de caso que se presentará al final del presente trabajo, relativo a un ambicioso esfuerzo de innovación en materia de relaciones intergubernamentales a nivel local; las abreviaturas colocadas a cada aspecto responde al concepto de "nivel de análisis" y servirán para ordenar y clarificar su aplicación en el análisis de caso.

Las oposiciones político-partidarias no parecieran debilitar la estructura de oportunidad política de la innovación institucional, pero tampoco se encuentran liderazgos capaces de fortalecerla y dinamizar el proceso. No obstante, los recursos políticos para establecer redes de negociación y cooperación son particularmente valorados, como corresponde a procesos que se cumplen en el complejo y dinámico campo de las relaciones intergubernamentales.

En punto específicamente a las RIG, es clara la valorización de las mismas tanto por parte de los actores locales cuanto por la instancia provincial. Existe un marco jurídico valioso en la materia, así como experiencias de cooperación, no perturbadas significativamente por conflictos político-partidarios, que constituyen ricos antecedentes; sin embargo, el potencial reformable de la innovación cooperativa encuentra una traba en la heterogeneidad de perfiles demográficos, socio-económicos e identitarios de las unidades locales, que se resisten a soluciones estandarizadas. Por otra parte, son manifiestas en una situación de recesión aguda y prolongada las dificultades para implementar los incentivos financieros en la forma originariamente previstos. La alta inestabilidad no favorece en general, por lo demás, el buen funcionamiento de mecanismos de incentivos a la acción colectiva, y ello se agudiza tratándose del sector público en el cual siempre hay que considerar un margen más o menos significativo de discrecionalidad.

Finalmente, conviene advertir sobre el planteamiento de objetivos excesivamente ambiciosos, especialmente para ser logrados en un corto período. Esta característica –propia de las reformas de la Nueva Gerencia Pública en los países anglosajones– resulta difícilmente compatible con nuestro contexto y prácticas.

Boisier formula con gran lucidez este fenómeno propio del contexto globalizado, incorporando simultáneamente un enunciado prescriptivo en tanto respuesta posible y deseada al desafío y la oportunidad:

> Nuestra posición es que el crecimiento económico de un territorio, en el contexto de un sistema más y más globalizado, tiende a ser más y más exógenamente determinado. Esta afirmación va de la mano con otra, que sostiene que el desarrollo de un territorio, en el mismo contexto globalizado, debe ser el resultado de esfuerzos endógenos, una afirmación de profundas y amplias repercusiones en varios campos, que llega hasta la cuestión de la cultura y de los mecanismos de defensa social frente a una posibilidad de alienación total[34].

Si bien el autor hace referencia en el texto a la región subnacional como "región-proyecto colectivo", ello vale igualmente para las unidades locales, máxime cuando se encuentren confrontadas a la posibilidad de incrementar las relaciones intergubernamentales como una alternativa para el desarrollo sustentable[35].

Frente a las fuertes tradiciones centralistas de los Estados latinoamericanos, la nueva modalidad de gestión intergubernamental ha hecho aflorar, aún de forma bastante emergente por el momento, un nuevo tejido de relaciones económicas, políticas y administrativas entre los distintos niveles de autoridad. Este tejido de relaciones, como se ha demostrado en este trabajo, es un fenómeno habitual, a menudo muy intenso, en la mayor parte de los países de la OCDE, y como es lógico, ha sido muy analizado desde distintas perspectivas teóricas[36].

Sin embargo, en América Latina, las RIG se encuentran en construcción en la actualidad, debido a su pasado reciente de transiciones a la democracia y su actual acoso de algunos Estados nacionales, por parte de fuerzas extraestatales o separatistas (casos de Colombia y Bolivia), por lo que su estudio se encuentra todavía poco desarrollado[37] [38]. De todos modos, ha llegado la hora de preguntarse si en el siglo XXI, tanto a nivel mundial como en Argentina, buena parte de la administración ya no es intergubernamental. En caso de ser así, habrá que reformular muchos

---

[34] BOISIER, Sergio, *El vuelo de una cometa. Una metáfora para una teoría del desarrollo territorial,* en Estudios Regionales, Universidades Públicas de Andalucía, Número 48, Andalucía, España, 1997, página 45.

[35] Ibidem, págs.3-4.

[36] OCDE, 1997.

[37] JORDANA, J., "Relaciones intergubernamentales...", Op. Cit., pág.1.

[38] En Argentina, tanto el debate por la regionalización en los años noventa como la difusión de entes intermunicipales en algunas provincias, anticipan el inicio de la puesta en vigencia de nuevos diseños institucionales, que podrán convivir o no con el histórico pero incompleto régimen federal. En la Provincia de Córdoba, esquemas de ingeniería institucional regional como los pioneros ADESUR y EINCOR, más los Entes Intermunicipales creados a la luz del Pacto de Saneamiento Fiscal (ENINDER, Ruta 6, Centro-Oeste, etc.) y las recientes Comunidades Regionales (CR), parecieran ir marcando caminos en esta tendencia incipiente a la búsqueda de nuevas fórmulas intergubernamentales, que superen las viejas alternativas.

de los paradigmas vigentes durante décadas y fortalecer las perspectivas analíticas de las RIG y la GIG.

En tal sentido, los trabajos de asesoramiento como los de las Universidades a las regiones cordobesas deben fomentarse para ir creando conciencia acerca de la construcción colectiva de la identidad regional[39]. Será una manera, desde la academia y los centros de conocimiento, de generar estímulos a la ejecución de políticas públicas que fomenten el asociativismo y las redes de cooperación para forjar así, los caminos hacia el desarrollo económico y social tan anhelado.

En la Provincia de Córdoba, la continuidad o discontinuidad de las políticas provinciales y la evaluación de las capacidades institucionales en GIG previas al proceso regionalizador, son factores que deben ser evaluados a la hora de juzgar la política regionalizadora estimulada por la administración De la Sota en el período 2004-2007.

Sobre veintiséis Departamentos, diecinueve adhirieron a la política pública mencionada, en el marco de la nueva Ley 9.206. Entre 2005 y 2007, las Universidades de Córdoba, tanto públicas como privadas, asesoraron a las Comunidades, en materia de diagnósticos económicos y sociopolíticos, con la finalidad de contribuir a la generación de nuevas capacidades institucionales para el asociativismo intermunicipal. Salvo casos puntuales como Colón, Punilla[40] y Unión, una vez finalizado el proceso de consultoría, hubo pocos avances en materia de ejecución de las políticas públicas propuestas[41]. El período preelectoral de abril a octubre de 2007 conspiró contra el necesario debate y análisis reflexivo de las propuestas planteadas por los sucesivos equipos técnicos. La sociedad civil, salvo en contadas ocasiones, tampoco participó mayormente del proceso, hallándose marcadamente desinformada del mismo.

Hoy, en el marco del nuevo gobierno de Juan Schiaretti, existen dudas respecto a las posibilidades concretas de avanzar en la regionalización, excepto en materia de obras públicas (refacción de escuelas y reasfaltado de rutas), las cuales son valoradas por los Intendentes, por su notoria visibilidad político-electoral.

---

[39] Puede verse: GRAGLIA, E. y otros, "Participación social y gestión asociada en torno a la problemática ambiental de la Comunidad Regional Punilla...", en GRAGLIA, E., *Políticas Municipales para el desarrollo local y regional II*, Serie PROFIM, vol. 8, Córdoba, EDUCC, 2008.

[40] Ibidem.

[41] No obstante, desde la perspectiva del rol de las Universidades en procesos de cambio político y social, el balance del período 2005-2007 es positivo puesto que muy diversos enfoques teóricos y metodológicos confluyeron para el abordaje de una misma temática provincial. Se trata, en definitiva, de conocimiento construido en el ámbito académico y social de nuestras regiones provinciales y junto a los actores de cada territorio. De manera que, independientemente de los resultados logrados por las agencias gubernamentales en términos de *policies*, hay que destacar la relevancia y el carácter novedoso de la articulación gobierno provincial – Universidades y la generación –aunque incipiente– de una base cognitiva a partir de la cual repensar la reforma del Estado cordobés y sus potencialidades para el desarrollo en sentido amplio.

Bibliografía

AGRANOFF, Robert, "Política y Sociedad", 13, Madrid, 1993.

AGRANOFF, Robert, "Las relaciones y la gestión intergubernamentales" (Capítulo 5), en BAÑON, Ernesto, CARRILLO, Rafael (Comp.), *La nueva administración pública*, Alianza Editorial, Madrid, 1997.

BERNAL, Marcelo, DESTEFANIS, Cecilia, LARDONE, Martín, "La institucionalización de las relaciones intergubernamentales. Un análisis de la Mesa Provincia-Municipios en la Provincia de Córdoba", ponencia presentada en el Congreso de la SAAP, Buenos Aires, 2007.

BOISIER, Sergio, El vuelo de una cometa. Una metáfora para una teoría del desarrollo territorial, en Estudios Regionales, Universidades Públicas de Andalucía, Número 48, Andalucía, España, 1997, página 45.

CACERES, Pamela, "La Construcción sociopolítica de las regiones en la Provincia de Córdoba" en *Políticas Municipales para el desarrollo local y regional*, Cap. IV. Serie PROFIM, vol. 6, EDUCC, Córdoba, 2006.

CALDERA ORTEGA, Alex Ricardo, "Gobernanza y proyectos políticos: una revisión crítica desde la teoría normativa de la democracia", en *Documentos de Trabajo de FLACSO Virtual*, FLACSO México, en http: www.flacsomexico.edu.mx/documentos/index, noviembre de 2009.

CONEJERO PAZ, Enrique, PIZARRO SARA, Elisa, "En busca de la gobernanza democrática local", ponencia presentada en el VII Congreso Español de Ciencia Política y de la Administración, Democracia y Buen Gobierno, Madrid, España, 2007.

GONZALEZ BIONDO, Graciela, "Invisibles y poderosas", Revista *Gestión*, Vol. 12, Buenos Aires, 2007.

GRAGLIA, E y otros, "Participación social y gestión asociada en torno a la problemática ambiental de la Comunidad Regional Punilla...", en GRAGLIA, E., *Políticas Municipales para el desarrollo local y regional II*, Serie PROFIM, vol. 8, EDUCC, Córdoba, 2008.

JENKINS, Henry, Inteligencia colectiva, en Revista *Gestión*, Buenos Aires, Vol. 12, 2007.

JORDANA, Jacint, "La influencia de las relaciones intergubernamentales en los procesos de descentralización en América Latina", VI Congreso Internacional del CLAD sobre la Reforma del Estado y de la Administración Pública, Buenos Aires, 2001.

JORDANA, Jacint, "Relaciones Intergubernamentales y descentralización en América Latina: una perspectiva institucional", Documento de Trabajo I-22EU, BID / INDES, Washington DC, 2001.

IGLESIAS, Angel, "Gobernanza y redes de acción pública: la planificación estratégica como herramienta de participación", ponencia presentada en el Cuarto Seminario Internacional sobre Gobierno y Políticas Públicas, Culiacán, Sinaloa, 2005.

MARANDO, Vincent L., FLORESTANO, Patricia S., "La Administración Intergubernamental: el estado de la disciplina", en LYNN, Naomi B., WILDAVSKY, Aarón (Comp.), *Administración Pública: El estado actual de la disciplina*, Colegio Nacional de Ciencias Políticas y Administración Pública, A.C., FCE, México, 1999.

OCDE, Managing Across Levels of Government, en http://www.ocde.org/puma/mgmtres/malg /malg97/toc.html., LUGAR, 1997.

OSBORNE, David, GAEBLER, David, *La reinvención del gobierno*, Paidós, Barcelona, 1992.

PARMIGIANI DE BARBARA, Myriam, "Governance regional", ponencia presentada en el Primer Congreso Nacional de Administración Pública, Buenos Aires, 2001.

PARMIGIANI DE BARBARA, Myriam Consuelo, *Repensando las relaciones intergubernamentales locales desde el enfoque neoinstitucional: un análisis de caso*, Red Muni, Córdoba, 2002.

PARMIGIANI DE BARBARA, Myriam Consuelo, "El reordenamiento territorial de las políticas públicas en la República Argentina: propuestas, concreciones y perspectivas, miradas desde la crisis", ponencia presentada en el VIII Congreso Internacional del CLAD sobre la Reforma del Estado y de la Administración Pública, Panamá, 2003.

PETRIZZO PAEZ, Mariángela, "Redes e institucionalización: vinculando evidencias empíricas y redes políticas", en Revista *Redes,* Revista Hispana para el Análisis de Redes Sociales, Universidad Autónoma de Barcelona, Barcelona, 2004.

RAMIO MATAS, Carles, "La gestión de las autonomías", en Diario *La Vanguardia,* Barcelona, 2002.

RAMOS GARCIA, José María, "Gestión intergubernamental y capacidad estratégica en el desarrollo local y regional fronterizo", *Región y Sociedad,* El Colegio de Sonora, Volumen XIV, Nº 25, México, 2002.

El Federalismo y la Comunidad Regional de San Martín (CRSM)

Virginia Achad

Introducción

A los fines del abordaje de la temática, es primordial identificar previamente algunos conceptos. Es por ello que en una primera instancia se analizan brevemente la forma de Estado y la inclusión de las comunidades como sujetos de derecho en la relación federal. Estos conceptos resultan fundamentales a la hora de definir los límites de la competencia material de las comunidades regionales. Definida esta competencia se intenta avanzar sobre el análisis en concreto acerca de cuál es la situación de la CRGSM, en cuanto a la legislación municipal en relación con las actividades de la población juvenil y si existen intentos de armonizar las normas que se relacionan. También se indaga sobre proyectos de legislación nacional y provincial sobre la temática.

El federalismo y las Comunidades Regionales

El dictado de la Ley 9.602 que consagró la existencia de Comunidades Regionales, las define como una asociación de los municipios de un mismo departamento para el cumplimiento de fines en común. La Ley abre un debate preliminar acerca de cuál es el rol que ocupan estos entes en la relación federal.

Para intentar conceptualizar el "federalismo" se atiende a la experiencia de los países que adoptan el federalismo como forma de gobierno. Este adquiere muy diversas características, "*hay tantos federalismos como estados federales existen*"[1]. El segundo problema consiste, en que aún en un mismo Estado, la estructura misma de la forma de gobierno adoptada puede variar, puesto que se trata de un concepto absolutamente dinámico. Es decir que, pese a ser generalmente asociado al modelo norteamericano, la realidad es que no existe un sólo modelo o estructura federal. Por ello, no existe un concepto único de federalismo, sino que varía o se adapta a las particulares características de lugar y tiempo; lo que

[1] CASTORINA DE TARQUINI, M., "El Federalismo", en PEREZ GUILHOU, D. y otros, *Derecho Público Provincial*, Tomo I, Mendoza, Depalma, 1990, pág. 158.

no permite construir un único concepto de federalismo atemporal y de validez universal. Sin embargo, existen algunas de las características que se mantienen constantes y pueden resumirse en cuatro palabras: "descentralización territorial del poder en el Estado": es ésta la definición que goza de mayor consenso doctrinal. Así Horacio Rosatti, en su obra *Tratado de Derecho Municipal*[2], analiza el concepto advirtiendo que se habla de "descentralización" cuando se refiere a un centro preexistente que se desprende de poder o que una multiplicidad de partes pueden crear un centro de poder desde el cual luego se distribuyen las competencias o al cual luego se le delegan competencias. Esto que ante la primera lectura, aparece como una lección básica de Derecho Constitucional, no resulta, en la práctica tan claro, y la existencia de diversos actores hace aún más compleja la mirada sobre el particular.

Por otra parte, centra su atención en otro aspecto muy importante, consistente en el "quantum" del poder que se descentraliza, siendo este un elemento fundamental para caracterizar o intentar definir la forma de reparto de competencias. Otros autores de manera aún más detallada enumeran ciertas notas características del federalismo, aunque no dudan en admitir como primera aproximación al concepto, la noción de *descentralización territorial del poder del Estado*. En ese sentido, Guillermo Barrera Buteler en su obra *Provincias* y *Nación*[3] señala que se trata de la vinculación de comunidades diversas, que tienen voluntad de relacionarse entre sí, y de preservar su identidad y autonomía, existiendo entre ellas un verdadero acuerdo o pacto, "Pactum Foederis", que generalmente se halla plasmado en el texto constitucional. Esta última es la más importante, pues allí han de enumerarse los derechos y obligaciones de cada una de las partes, instituyéndose un sistema de garantías recíprocas a los fines de mantener el delicado equilibrio de poderes. La inobservancia de alguna de estas pautas o la falta de eficacia de los mecanismos destinados a garantizar el equilibrio pactado podrá culminar en la ruptura de lo acordado o en la desviación de los fines y objetivos que se tuvieron en miras al concretarlo.

En Argentina, la adopción de la forma de Estado está plasmada en la Carta Magna, que en su artículo primero y a los fines de despejar toda duda, aclara: "La Nación Argentina adopta para su gobierno la forma representativa republicana y federal, según lo establece la presente Constitución". Ello significa que el poder se halla parcelado, al decir de Miguel Angel Ekmedjian, "*las funciones del poder están distribuidas territorialmente en órganos regionales, los cuales ejercen un poder parcelado sobre una porción del territorio nacional*"[4]. Las provincias delegan partes de su poder a un órgano central que las vincula y esta distribución de poder se encuentra expresada en la Carta Magna.

---

2 ROSATTI, H., *Tratado de Derecho Municipal*, Rubinzal Culzoni, Tomo II, s/d

3 BARRERA BUTELER, G., *Provincias y Nación*, Buenos Aires, Ciudad Argentina, 1996.

4 EKMEDJIAN, M., *Tratado de Derecho Constitucional*, Buenos Aires, Depalma, 1995, pág.159.

El artículo 123 de la CN establece que las provincias podrán dictar su propia constitución, conforme a lo dispuesto por el artículo 5° y, además, les impone a las provincias asegurar la autonomía municipal, reglando su alcance y contenido en el orden institucional, político, administrativo, económico y financiero.

La provincia de Córdoba es una precursora en admitir la autonomía municipal (reforma constitucional de 1987), fundada y defendida por reconocidos constitucionalistas, admite a partir del dictado de esta ley, la creación de nuevos entes que agrupan a los municipios, respetando las divisiones departamentales preexistentes. Desde la perspectiva histórico-política, tampoco puede olvidarse que la formación de la Nación Argentina estuvo íntimamente vinculada con el establecimiento de los cabildos, lo cual ha permitido a algunos autores catalogar a nuestro federalismo "*...como de base municipal*"[5].

En este marco y teniendo como objetivo,

> (...) contribuir a hacer más efectiva la gestión de la Provincia y de los Municipios y Comunas en las regiones, generar polos de desarrollo, facilitar la descentralización de funciones y la transferencia de competencias y lograr las demás finalidades establecidas en el Artículo 175 de la Constitución Provincial[6]

La legislatura de la provincia sancionó con fecha 22 de diciembre de 2004 la ley provincial N° 9268 de regionalización de la Provincia de Córdoba.

Es interesante destacar, desde el punto de vista jurídico, que la propia norma les concede a estas Comunidades Regionales el carácter de "sujetos de derecho público" con la consiguiente posibilidad de adquirir derechos y contraer obligaciones.

La normativa, si bien respeta la autonomía municipal, procura asociar a los diferentes entes municipales a los fines de lograr los objetivos señalados y convertir a la región en un motor de desarrollo para la zona.

La competencia material de la CRSM en la problemática de la juventud

La norma que establece la regionalización municipal se encarga también de delimitar cuál es la competencia material del ente. Así en el artículo 10 delimita cuál es la esfera de competencia material que podrá ejercer la comunidad tanto

[5] BARRERA BUTELER, G., *Provincias y Nación*, op.cit., pág. 239. En el mismo sentido el autor aconseja consultar ROSA, J., *Del Municipio Indiano a la Provincia Argentina (1580 – 1852). Formación y Política de las Provincias Argentinas*, Buenos Aires, Peña Lillio, 1994.

[6] Ley 9268, artículo 9.

en el radio de las propias municipalidades como en las áreas que se hallan fuera de sus jurisdicciones.

En cuanto a la problemática de la juventud y la determinación de cuál es el espacio legislativo competente para su tratamiento, debemos apuntar que se trata de una típica facultad concurrente. Con lo cual, la decisión de abordar la problemática debería ser adoptada en el seno de la misma comunidad (10 inc. B). Ello implica dos cuestiones fundamentales:

a) Por un lado, la implementación de políticas públicas regionales relacionadas con la inclusión de la juventud en la comunidad que atienda las particularidades de cada una de las ciudades y pueblos que la integran.

b) Por el otro, la armonización de la legislación existente en cada una de las localidades de modo de propender al mismo fin.

Los intentos legislativos nacionales y provinciales

La concurrencia de facultades legislativas mencionadas anteriormente y relacionada con el tema objeto del presente proyecto ha propiciado una generosa cantidad de proyectos legislativos sobre la materia.

Así en el ámbito nacional encontramos por ejemplo el proyecto de ley presentado por la diputada nacional Margarita Jarque en octubre de 2003; un proyecto que pone de relieve la necesidad de la coordinación de las políticas públicas relacionadas con la juventud y que entiende la necesidad del dictado de una norma que

> (...) sería fundamental acompañar el desarrollo presente de políticas y programas, con la sanción de una Ley Nacional de Juventud, convencidos del avance que este acto significaría, en la medida en que aportaría un mayor anclaje y estabilidad a instituciones y programas y, especialmente, de la importancia de que este proceso atraviese una instancia de concertación política y social que dote de mayor legitimidad a las políticas de juventud, permitiendo que en el debate se expresen los distintos sectores involucrados de una u otra manera en los temas de juventud[7].

---

[7] BALARDINI, S., "La Importancia de una ley de juventud", citado en el proyecto de Jarque, Fundación Friedrich Ebert, Buenos Aires, 2003. Sergio Balardini es Investigador y Coordinador Adjunto del Proyecto Juventud de la Facultad Latinoamericana de Ciencias Sociales (FLACSO - Sede Argentina)

También, convencidos de la necesidad del dictado de una Ley Nacional de la Juventud, los diputados Jorge Ceballos y Victoria Donda, elaboraron un proyecto de ley, bajo las siguientes premisas:

> Cuando pensamos en los jóvenes, no sólo nos encontramos con la posibilidad de un futuro mejor para el país, sino para mejorar el presente. Así como para que el pasado como dolorosa enseñanza sea el Norte que a partir del recuerdo nos marque el camino: necesitamos una ley nacional y es central que la misma sea pensada, planificada y evaluada por el Estado, su parlamento y las organizaciones que desde hace tanto años luchan, en sus disciplinas específicas por cambiar la realidad de los y las jóvenes "La presente Ley tiene por objeto regular y garantizar los derechos de la juventud, a fin de otorgar a los jóvenes y las jóvenes las oportunidades para su pleno desarrollo. El pleno e integral disfrute de sus derechos humanos, políticos, sociales y económicos, como actores y sujetos del proceso educativo, ético, cultural, laboral y deportivo; El acceso a la salud, a la educación, a la vivienda digna, a la capacitación y al primer empleo. Su participación en el proceso de desarrollo nacional y latinoamericano mediante políticas públicas que fomenten la participación solidaria de la familia y de la sociedad. Fortalecer entre los jóvenes y las jóvenes la cultura para la democracia participativa. Los medios, recursos y condiciones necesarios para garantizar la plena incorporación de la juventud a la toma de decisiones de la vida pública, y de los asuntos de Estado. El desarrollo de acciones educativas que fortalezcan la convivencia plural, las prácticas de solidaridad, la justicia y la equidad entre géneros. El acceso a los medios de comunicación, proporcionando oportunidades de participación en sus programaciones[8].

En el ámbito de nuestra Provincia de Córdoba también se han presentado diversos proyectos relacionados con la temática; como por ejemplo el presentado por el Partido Socialista referido a la "Creación del Consejo Provincial de la Juventud", con la expectativa de generar un espacio de debate sobre la problemática y que tendría como objetivos:

a) Generar un espacio de encuentro para las organizaciones juveniles de la provincia de Córdoba en el que se propicie la convivencia democrática, la cooperación, la tolerancia, la integración y la solidaridad.

b) Promover la participación de las juventudes en el quehacer político, económico, social, cultural, sindical, deportivo y en aquellos ámbitos cuyas decisiones afecten al conjunto social o a su sector.

[8] Ibidem.

c) Actuar como canal institucional en la promoción, defensa y garantía de los derechos e intereses de los y las jóvenes.

d) Promover la igualdad real de oportunidades para los y las jóvenes, buscando la eliminación de todas formas de discriminación, especialmente por razones de edad, género, violencia e intolerancia[9].

Entrevista al asesor legal de la CRSM, Abogado Cristian Barbero:

En oportunidad de entrevistar al asesor legal de la Comunidad, pudimos obtener algunas conclusiones relevantes en relación a nuestro objeto de investigación:

a) La población juvenil constituye una de las mayores preocupaciones de la Comunidad, tanto que ha sido objeto de debate en diversas reuniones en las que se ha convocado a los intendentes de todas las localidades que integran la comunidad, aunque aún no se han tomado políticas activas en relación a la problemática.

b) La CRSM no documenta sus sesiones en actas.

c) Se ha tomado la decisión de unificar la legislación relacionada con los espectáculos públicos tomando como modelo la Ordenanza Municipal de la ciudad de Villa María, ello aún se encuentra en tratamiento por los distintos órganos deliberativos de cada una de las localidades.

e) También se ha proyectado la unificación de la legislación relacionada con el tránsito y la creación de un Tribunal de Faltas comunal.

[9] Art. 4 proyecto de ley "Creación de Consejo Provincial de la Juventud", Expediente 0953/L/2008.

La Carta Orgánica Municipal de Villa María y la Inclusión Juvenil

Virginia Achad

Introducción

La Carta Orgánica de la ciudad de Villa María (sede de la Comunidad Regional San Martín) prevé en su propio articulado la intención de promover e instrumentar políticas públicas dirigidas a la "juventud", aunque sin mayores especificaciones, pero incluyendo algunas directivas:

Juventud

Artículo 51: La Municipalidad instrumentará políticas y programas integrales para la juventud, sobre la base de las siguientes pautas:

a) Estímulo a una amplia participación social.
b) Cursos de especialización y formación técnica y salida laboral conforme al marco productivo de la región.
c) Promoción de las aptitudes intelectuales, artísticas y deportivas.
d) Promoción de las actitudes éticas y culturales.
e) Formación de la conciencia democrática y el espíritu de solidaridad social.

Si bien la intención de los constituyentes locales es clara, la legislación que se ha dictado en consecuencia no ha sido demasiado abundante ni coherente con las pautas indicadas en la Carta Magna local.

Ordenanzas y/o proyectos relacionados con la temática

Ordenanza Municipal sobre Espectáculos Públicos (O.M. 4956):

La ordenanza regula la presencia de los jóvenes en los lugares públicos que el legislador estima que por distintas razones pueda resultar lesivo de su integridad física y/o psíquica. Así dispone, en su artículo 33, la prohibición total de la presencia de los jóvenes menores de dieciséis años en confiterías bailables o discotecas y en el artículo 65 la presencia de jóvenes menores de dieciocho años en cabarets y/o whiskerías, aún cuando estuvieren en compañía de adultos.

No obstante, el artículo 38 prevé la posibilidad de que el Poder Ejecutivo local establezca un horario especial para que los menores entre trece y dieciséis años puedan asistir a confiterías bailables.

Además, se establece la prohibición de trabajar en cabarets o whiskerías a los menores de veintiún años, disposición concordante con las previsiones del Código Penal y de la recientemente legislada Ley Nacional de Trata de Personas, disponiendo, además, que frente a la constatación que los funcionarios públicos practiquen en el lugar deberán:

- Acreditar identidad con D.N.I o Documento equivalente.
- Ser mayor de 21 años.
- Tener Libreta de Sanidad extendida por la autoridad municipal pertinente, debiendo a tal efecto someterse a los exámenes médicos periódicos que la autoridad de aplicación establezca, no debiendo transcurrir un lapso de quince días corridos entre un examen y otro, sin perjuicio de someterse al mismo cada vez que la autoridad lo disponga.
- Poseer certificado de antecedentes expedido por autoridad policial y certificado del Registro Nacional de Reincidencias, con no más de seis meses de vigencia.

Las omisiones y/o incumplimientos a las observancias de esta norma, prevén la aplicación de sanciones de multa y clausura para los infractores.

Es necesario destacar que en la actualidad se encuentra en debate una reforma a esta Ordenanza que prevé incrementar la edad para el acceso a confiterías bailables de dieciséis a dieciocho años.

Ordenanza Municipal N° 4620 (modificada por 5018) que crea el Concejo Deliberante Estudiantil:

Se trata de una interesante normativa, en la cual se promueve la participación de los jóvenes en la tarea legislativa.

Participan jóvenes entre catorce y veintiún años que sean alumnos regulares de alguna de las instituciones del nivel medio y/o de escuelas especiales o de la Escuela Granja "Los Amigos".

Es un espacio apto para que los jóvenes puedan introducir de manera directa sus problemáticas e inquietudes y, además, pensamos, constituye una experiencia sumamente enriquecedora en función del aprendizaje que el contacto directo con la función legislativa otorga; lo que seguramente redundará en un redimensionamiento de los valores democráticos de los jóvenes. Sin embargo, se considera que la convocatoria de participación no es del todo amplia. En los orígenes del Concejo, la invitación estaba dirigida sólo a jóvenes alumnos "regulares" de escuelas secundarias y luego fueron los propios jóvenes quienes, mediante el dictado de una resolución, lograron la incorporación de alumnos de escuelas especiales y de la Escuela Granja "Los Amigos".

Se estima que la participación de los jóvenes debe ampliarse aún más o por lo menos promover la presentación de proyectos de resoluciones, por parte de jóvenes que no se encuentran incluidos de manera que en el seno del órgano deliberativo se encuentren todas las voces del sector y no sólo las de aquellos jóvenes que están escolarizados. Además, en una ciudad en la que la comunidad universitaria se encuentra en franco desarrollo, existiendo una importante oferta educativa tanto en carreras terciarias como universitarias, no resulta justificada su falta de representación en este ámbito.

En cuanto a la producción de resoluciones, las mismas responden a diversas temáticas que reflejan sus propias inquietudes, carencias y necesidades. Encontramos, por lo tanto, ejemplos de diversa índole ya que en algunos casos se ocupan de sus propias actividades recreativas, en otros casos solidarios y a veces de inquietudes que si bien reflejan una preocupación profunda y absolutamente razonable –como por ejemplo la Resolución N° 033/2002, que pretende instaurar un Programa de Inasistencias Justificadas en los establecimientos escolares para los jóvenes mujeres en estado de ingravidez y progenitores– se transforma en un esfuerzo inútil ya que resulta imposible, a tenor de la distribución territorial de competencias legislativas dispuesto por la Constitución Nacional y por la Constitución de la Provincia, que el Concejo Deliberante de la ciudad dicte una ordenanza de ese tipo. Por ello se estima necesario que los jóvenes cuenten con asesoramiento y directrices claras desde dentro del órgano legisferante, que encaucen sus propuestas y los dirijan a los fines de no malgastar el tiempo en resoluciones que luego no se verán reflejadas en una ordenanza.

Este año el Concejo Estudiantil emitió dos resoluciones las cuales versaron sobre: a) Fijar un horario tope de ingreso a las confiterías bailables, ya que entienden que el mayor consumo de alcohol se produce en este horario, "previo" al ingreso al lugar; y, b) acciones de concientización en la población juvenil en torno a la problemática del dengue.

Ordenanza N° 4.758:

La norma prohíbe el suministro, la comercialización y/o expendio de bebidas alcohólicas a menores de dieciocho años, aunque estén acompañados por personas mayores, salvo que estos sean sus padres y acrediten tal condición. Asimismo, se prohíbe el consumo en la vía pública y el establecimiento de sanciones. Además prevé que los padres serán considerados partícipes de la infracción en los casos en los que

> (...) faciliten o, pudiendo evitar la infracción, toleren, consientan o admitan la violación o inobservancia de cualquiera de los dispositivos de esta Ordenanza, por parte de sus hijos menores. La facilitación, tolerancia, consentimiento o admisión del padre o tutor se presume cuando, en conocimiento de infracciones anteriores de su hijo o pupilo, no adopta medida alguna de control, prevención o supervisión[1].

La norma establece que en los casos de que se verifique que alguna de las infracciones ha sido cometida por un menor de edad, el juez de faltas deberá "comunicarlo fehacientemente" a los padres o tutores, para que asistan junto con el menor a "*reuniones especiales de concientización sobre los efectos nocivos del alcohol que al efecto se organizarán conforme se disponga por vía reglamentaria*"[2].

Ordenanza N° 5.967: Código de Tránsito:

La norma fue modificada a los fines de adaptarla a la Ley Nacional de Tránsito y apunta a regular el "*... el uso de la vía pública y (...) la circulación de personas y de vehículos terrestres destinados para ello*"[3].

Establece además en su artículo 10° inciso A que se deberá "*Incluir la educación vial en todos los niveles de enseñanza que impartan los centros educativos municipales, propendiendo a que dicha medida se extienda a todos los demás establecimientos ubicados dentro del ejido municipal*"[4].

El artículo 18, indica cuáles son las edades mínimas para poder conducir:

Para conducir vehículos en la vía pública se deben tener cumplidas las siguientes

Edades, según el caso:

A) Veintiún (21) años para las clases de licencias C, D y E; (para camiones, o vehículos destinados al transporte de personas, emergencias y seguridad ver especificaciones en el artículo 17)

---

[1] Art.10 O.M. 4.758.

[2] Art. 14 O.M. 4.758.

[3] Art. 1 O.M. 5.967.

[4] Art. 10 O.M. 5.967.

b) Dieciocho (18) años para las restantes clases;

c) Dieciséis (16) años para ciclomotores de hasta cincuenta centímetros cúbicos que no lleven pasajeros;

d) Dieciocho (18) años para ciclomotores de más de cincuenta centímetros cúbicos.

e) Doce (12) años para circular por la calzada con rodados propulsados por su conductor, no requiriéndose en este caso la obtención de licencia alguna.

Los menores de edad, para tramitar la habilitación prevista en el inciso c), deberán contar con la autorización de su representante legal. La revocación de la autorización del representante legal implica la obligación de anular la licencia y disponer su secuestro si no hubiera sido devuelta.

Programa Jóvenes con "Más y Mejor Trabajo"

Tuvo inicio en la ciudad durante los meses de febrero-marzo la primera edición y en el mes de agosto la segunda edición del Programa dispuesto por el Ministerio de Trabajo de la Nación "*Jóvenes con Más y Mejor Trabajo*".

Se trató de una propuesta pergeñada por la Nación e instrumentada por la Municipalidad local y la Universidad Nacional de Villa María, con el objetivo de generar oportunidades de inclusión social y laboral de los jóvenes, a través de acciones integradas, que les permitan construir el perfil profesional en el cual deseen desempeñarse, finalizar su escolaridad obligatoria, realizar experiencias de formación y prácticas calificantes en ambientes de trabajo, iniciar una actividad productiva de manera independiente o insertarse en un empleo.

El primer trayecto del programa se implementó, mediante la inscripción en la Municipalidad, de jóvenes entre dieciocho y veinticuatro años desempleados que no hubieran terminado los trayectos de la educación formal primaria o secundaria; y se concretó con la colaboración de la Universidad, la cual dispuso de sus propios docentes para el dictado de los cursos formativos a los participantes.

Estos cursos formativos estaban compuestos por los siguientes módulos: *Módulo de Derecho Laboral, Seguridad e Higiene en el Trabajo, Alfabetización Digital y Orientación e Inducción al Mundo del Trabajo*.

Conclusiones

La CRSM tiene la potestad material de intervenir en el diseño y construcción de políticas activas en relación a la inclusión de la población juvenil. Se cree que para que estas decisiones tengan bases de construcción sólida y duradera, deben traducirse en textos legales que deben ser diseñados en el seno de los órganos deliberativos de cada una de las localidades que integran la CRSM. En este sentido, consideramos que la "unificación" normativa no es la mejor solución, puesto que esto significa la reproducción de un texto legislativo que no siempre contempla las particularidades propias de cada localidad. Las ordenanzas municipales son las normas que reflejan o deben reflejar con mayor precisión la problemática de cada lugar, teniendo en cuenta su propia realidad. Aunque regionalmente se pueda tener una identidad similar, deben respetarse las costumbres y los rasgos que distinguen a un pueblo del otro. La unificación normativa en materia de legislación municipal creemos que no resulta aconsejable y debiera ser reemplazada por una verdadera "armonización legislativa"; es decir, la elaboración de principios rectores para la solución de problemas en común que deben ser analizados y discutidos en el seno de la CRSM y luego su integración en la legislación propia de cada localidad, previa discusión en el seno de sus propios Concejos Deliberantes.

Estudios exploratorios y Reflexiones sobre Grupos de Adolescentes Pobres Escolarizados en la ciudad De Villa María

Andrea Bonvillani

Introducción

Las reflexiones que aquí se presentan surgen a partir de una experiencia de intervención en curso en cinco escuelas de nivel medio del interior de la provincia de Córdoba, la cual es una actividad extensionista que estamos realizando un equipo de docentes y estudiantes de la Universidad Nacional de Villa María (UNVM) y de la Universidad Nacional de Córdoba (UNC)[1]. El proyecto se denomina "Inclusión social para la Ciudadanía: apoyo integral para la construcción de un proyecto de vida a jóvenes[2] en situación de vulnerabilidad social de la Comunidad Regional General San Martín (Córdoba)" y cuenta con subsidio del Ministerio de Educación de la Nación, a través de la Secretaría de Políticas Universitarias[3].

El proyecto intenta dar respuesta a una problemática formulada por algunos de los intendentes que conforman la Comunidad Regional General San Martín[4], como parte del asesoramiento técnico que la Universidad Nacional de Villa María realizó durante el año 2006 en el marco de la implementación de la Ley de Regionalización Provincial N° 9206/04, cuyo objetivo es optimizar las potencialidades de cada región de la provincia para lograr su consolidación social, política y económica a través del logro de consenso social de todos los actores comunitarios intervinientes.

---

[1] El equipo bajo la coordinación de la Dra. Bonvillani está integrado por Mariela Arce, Patricia Cassano y Paula Tagliero.

[2] Utilizaremos indistintamente "adolescentes" y "jóvenes", sabiendo que sus edades oscilan entre los dieciséis y dieciocho años.

[3] Resultó seleccionado en la Convocatoria 2007 "Un puente entre la Universidad y la sociedad" del Programa de Formación de la Universidad Argentina.

[4] La Comunidad Regional General San Martín (CRGSM) está ubicada en el sudeste de la Provincia de Córdoba e integrada por 15 municipios: Arroyo Algodón, Arroyo Cabral, Ausonia, Chazón, Etruria, La Laguna, La Palestina, La Playosa, Luca, Pasco, Silvio Pellico, Ticino, Tío Pujio, Villa María y Villa Nueva. Los dos últimos concentran el 81% del total de la población, que asciende a 116.107 habitantes, de acuerdo al censo de 2001.

Durante este proceso colectivo de trabajo, los intendentes identificaron un conjunto de problemas relacionados con la situación educativa y laboral de los jóvenes de la región: deserción en el nivel medio, disminución de ingresantes al sistema educativo superior, insuficiencia de recursos humanos capaces de absorber los requerimientos de mano de obra en rubros tales como industria láctea y construcción, derivada, en parte, de la escasa capacitación orientada al perfil productivo de la región.

Este conglomerado de problemas puede relacionarse con otra preocupación detectada, en el sentido de que la región se terminaría constituyendo en un "pueblo de viejos", debido a los altos niveles de emigración de los jóvenes a centros urbanos como la ciudad de Córdoba, por ejemplo. A partir de la lectura que realiza el equipo de docentes y alumnos de la UNVM que propone el presente proyecto, consideramos que se trata de una red de problemas interconectados que remiten a las dificultades que los jóvenes de la región están enfrentando en orden a construir su proyecto de vida futuro.

Definimos el proyecto de vida como una configuración que expresa la apertura hacia el dominio del futuro en distintas esferas vitales. Expresa la tensión contradictoria entre la posición que se ocupa en el sistema de relaciones sociales y la dimensión individual o personal; por lo tanto, consiste en la actitud adoptada frente a las posibilidades y recursos disponibles y las necesidades y valoraciones éticas, estéticas, sociales, etc. que orientan las aspiraciones vitales surgidas en la trayectoria biográfica. En un contexto socio-cultural caracterizado por una fuerte incertidumbre laboral e institucional, por la fragilidad de lazos sociales así como de referencias identitarias, de dificultades para adquirir códigos de cultura de trabajo y en general de esfuerzo para el logro de las metas a largo plazo[5], resulta comprensible que la tramitación de la proyección de sí a futuro se constituya en una problemática a ser atendida. Aunque los jóvenes no tienen la exclusividad en este tipo de fenómenos, ya que bien podrían caracterizar a la experiencia general, consideramos que estas dificultades se vuelven críticas en la etapa juvenil, teniendo en cuenta que la construcción identitaria y, en estrecha relación, la definición de un proyecto de vida propio son las tareas específicas del momento vital. La adolescencia implica una serie de ajustes en procura de este logro, lo cual requiere de una definición frente a la vida y una integración del yo frente a las exigencias y posibilidades sociales: "*La identidad es por lo tanto una síntesis entre realidad interna y externa*"[6]. Esta situación es especialmente

[5] GARCÍA CANCLINI, N., "América Latina: mercados, audiencias y valores en un mundo globalizado", *Globo on line*, Boletín Nº 2, Brasil, 2004; FERNÁNDEZ y otros, "Microemprendimientos juveniles: dilemas entre la lógica burocrático-clientelar y la producción de autonomía", Ponencia presentada en XIII Jornadas de Investigación de la Facultad de Psicología, Universidad Nacional de Buenos Aires, Tomo I, Buenos Aires, 2005.

[6] ZEGERS, B. (1988). "Desarrollo psicosocial normal en la adolescencia y la edad juvenil", en

crítica para el caso de jóvenes pobres, debido a que cuentan con escasas posibilidades materiales y simbólicas para afrontar los desafíos del momento vital:

- limitado horizonte de expectativas, muchas veces debido a falta de información en relación a las opciones sociales disponibles,
- dificultades en la autoestima, debido al deficiente desarrollo de sus competencias que suele caracterizar sus procesos de socialización,
- escasa valoración familiar de la educación como un recurso utilizable para el logro personal, el cual es suplantado por el temprano acompañamiento de los hijos en las tareas laborales de los padres, debido a los apremios económicos,
- carencia de dispositivos sociales, educativos y recreativos que les sirvan de apoyo psicosocial en el que se sientan contenidos y puedan desarrollarse.

Todo lo cual configura un marco que los ubica en situaciones de riesgo en lo inmediato y limita sus posibilidades de construir un proyecto de vida que les permita incluirse en ámbitos educativos y laborales.

Algunas reflexiones sobre los grupos investigados

En este marco, los objetivos específicos del proyecto son:

- Identificar intereses y motivaciones que poseen ellos y su familia en relación a su proyecto de vida.
- Determinar la incidencia de las condiciones de vida de los jóvenes en las elecciones y posibilidades de construir un proyecto de vida vocacional-ocupacional.
- Potenciar la autoestima de los jóvenes, a partir del autoconocimiento y el desarrollo de sus competencias sociales, cognitivas, expresivas y de asociatividad.
- Concientizar a los padres de los jóvenes acerca de la importancia de la educación como medio para lograr el desarrollo personal e inserción social.

FLORENZANO, R., MADDALENO, M. & BOBADILLA, E. (Eds.), *La salud del adolescente en Chile (97-110)*. Santiago: Corporación de Promoción Universitaria, CPU, citado en BERGER, C., "Subjetividad adolescente: tendiendo puentes entre la oferta y demanda de apoyo psicosocial para jóvenes", Revista *Psykhe*, Vol. 13, N° 2, Chile, 2004.

- Informar y Orientar en relación a la oferta educativa de nivel terciario y universitario.
- Orientar en relación a algunas estrategias básicas de búsqueda de empleo, en especial aquellas que capitalicen los recursos personales y sociales con que cuentan los jóvenes.
- Identificar redes de apoyo individuales y sociales que contribuyan a la integración juvenil.
- Producir materiales de transferencia socio-educativa que permitan replicar la experiencia en otros contextos.

Estamos trabajando con grupos de estudiantes del quinto y sexto año del nivel medio de cinco establecimientos educativos públicos[7] de la CRGSM, para lo cual seleccionamos aquellos que atiendan a jóvenes de sectores de pobreza que se encuentren en situación de mayor vulnerabilidad social.

Las Líneas de acción del proyecto son dos:

- Diagnóstico, centrado en el conocimiento de representaciones de los propios recursos, competencias y expectativas que tienen los jóvenes.
- De Intervención, con el propósito que los jóvenes objetiven los obstáculos y facilitadores con los que cuentan para realizar esas proyecciones a futuro, en especial aquellos referidos al apoyo social que pueden brindarles sus entornos significativos. Este eje también se orienta a generar escenarios psicosociales propicios para ensayar competencias socio-emocionales y de trabajo en equipo.

La metodología de trabajo que llevamos a cabo es activa y participativa, con énfasis en el trabajo grupal, recuperando expectativas, experiencias y vivencias de los participantes. El dispositivo básico de trabajo con los jóvenes es el taller, el cual

> (...) se apoya en una concepción de construcción colectiva ya sea en relación al conocimiento, o como escenario para la expresividad, re-creación o para la definición de líneas de acción comunes. En definitiva, se apoya en la idea de práctica compartida para el logro de determinados objetivos grupales. En tal sentido, se trata más que nada de disponer condiciones psicosociales, es decir, el encuentro con el otro (en el sentido del no-yo, de la diferencia) que permitan la expresión, la comunicación, el conocimiento y la acción colectiva[8].

[7] Hasta el momento, el equipo ha trabajado en tres escuelas, dos de la ciudad de Villa María y una de La Playosa.

[8] BONVILLANI, A., "De la coordinación militante a la coordinación posible: condiciones de operación y preguntas pendientes" (PARTE I y II). Ficha de estudio especialmente elaborada

Los encuentros con directivos y docentes de los establecimientos educativos adquieren una significativa importancia a lo largo del proceso, en la medida en que consideramos estratégico el afianzamiento de acuerdos institucionales que permitan llevar adelante el proyecto en sus aspectos operativos y también acercarnos su mirada en relación a la problemática planteada.

Aportes del Trabajo de Campo

A continuación se ofrece un análisis -provisorio, sujeto a ajustes posteriores- de las primeras impresiones/elaboraciones de esta experiencia que estamos desarrollando con los directivos, docentes y sobre todo los estudiantes de las escuelas.

En primera instancia, nos detendremos en algunas condiciones que hacen al contexto de vida (familiar y escolar) de los adolescentes, cuestión que consideramos central puesto que estamos pensando la proyección a futuro no como un acto libre y espontáneo a la manera por ejemplo de lo que sugiere la noción de "vocación" (una suerte de llamado interno). Por el contrario, si bien el registro de la elección de una carrera o de una profesión, o más en general, de un curso de acción futuro, es subjetivo, se trata de la expresión de una tensión con las posibilidades materiales y simbólicas derivadas de la posición que se ocupa en una estructura social, en el lenguaje de Bourdieu, de los capitales "objetivados e internalizados" que posee el agente[9].

El futuro no tematizado

Haciendo un balance general de la experiencia en los distintos grupos trabajados, se observa que los jóvenes no parecen estar pensando en su futuro "postsecundario", es decir el espacio temporal inmediato al término de esta etapa aparece casi como un desierto con el que nos confrontamos cada vez que introducimos el tema: "no pienso en eso, falta mucho", es la expresión más escuchada. Los directivos y demás adultos de la escuela coinciden en que esta es una problemática que refiere a la distancia temporal que los chicos sienten

---

para el Curso de Extensión universitaria *Herramientas para el trabajo grupal en ámbitos educativos, sociales y comunitarios*, Facultad de Psicología. Universidad Nacional de Córdoba, Córdoba, 2007.

9 Desde este posicionamiento teórico, se prestó atención a las condiciones materiales de existencia de los estudiantes, no sólo en lo referido a su posición actual, sino también a rastrear algunos aspectos de la trayectoria familiar (nivel educativo de padres y abuelos). Utilizamos una ficha personal en la cual solicitamos algunos datos tales como integración familiar, ocupación de los padres, propiedad de la vivienda, ingresos, percepción de ayudas, entre otros.

respecto del egreso, sobre todo los que cursan el quinto año. Ahora bien, se ha constatado que los mismos alumnos se encuentran muy movilizados por la organización del viaje de fin de curso o la cena de egresados, a pesar que el tiempo que los separa de ambos eventos es casi el mismo que el que existe para tener que enfrentar de manera más directa una inserción laboral o la elección de una carrera o profesión, aunque, como sabemos, puede no haber una fecha única para tomar tales decisiones, las cuales pueden ser postergadas, de acuerdo a distintas vicisitudes y urgencias vitales.

Sobre este trasfondo de desinterés, surgen algunos indicios que hablan de significaciones y expectativas que parecen despertarse al ofrecerles condiciones psicosociales para la expresión y el diálogo.

Oscilando en los extremos

Deben resaltarse los siguientes registros de campo, a saber: muchos de los que refieren que no les gusta estudiar y que no les gusta levantarse temprano, luego expresan que tienen pensado trabajar y estudiar a la vez, o algunos seguir dos carreras simultáneamente.

Inventaron una profesión nueva:

> (...) nosotros queremos ser cartógrafos... que son los que recogen cartones y los venden. (*Risas*). La coordinadora les dice que ese no es un oficio muy lindo. Bueno, es lo que hay, le responden, es la ley del gallinero[10].

Parecen ir desde metas muy difíciles de alcanzar, casi desapegadas de sus posibilidades reales actuales, hasta la autolimitación absoluta y resignada del lugar social que se les ha asignado, ilustrando con la frase "ley del gallinero", la naturalización de las condiciones sociales estructurales que "fabrican" en un mismo movimiento a los pobres y a los ricos.

La incertidumbre en relación a si terminarán el secundario es a la vez un obstáculo para ilusionar y proyectar metas futuras, pero además se vincula con un conjunto de autopercepciones negativas que la mayoría de los alumnos manifiestan y que los alejan del imaginario propio del "buen alumno". Cuando se les pidió que mediante un collage expresaran quiénes eran, encontramos a nivel discursivo las siguientes frases:

> a) "*nosotros hicimos los Simpsons: porque son vagos, toman cerveza y Homero tiene el cerebro así de chiquitito, como yo*".

[10] Extracto de grabados de entrevista a chicos de la Escuela CRGSM

b) *"Somos fumancheros, somos borrachines".*

c) *"este es el choro (señalando a otro). Está prófugo este chico".*

d) *"yo no voy a poner el nombre porque me busca la cana"*[11].

En orden a las condiciones que se generaron con el dispositivo puesto en marcha, se debe interpretar como propios de un momento lúdico, en el que se los invitó a presentarse y mostrarse distendidamente, con lo cual resultaría poco acertado dar demasiado crédito a estas expresiones en tanto auto-referencias lineales. Sin embargo, siguiendo a Goffman[12], en una situación de interacción social el discurso se convierte en una suerte de "jugada" que nos permite manejar nuestra imagen social, entonces expresiones como estas no hablan tanto quienes las pronuncian como de la imagen que quieren ofrecer ante sus interlocutores.

También corresponde atender a lo que plantea Reguillo[13] en relación a la capacidad de los colectivos juveniles pobres respecto a mutar estigmas en emblemas: aquello que socialmente es un disvalor, aparece re-semantizado como positivo en el endogrupo, y pasa a ser objeto de ostentación de otros atributos asociados como pueden ser en este caso el "aguante", la capacidad de revelarse ante la norma, etc.

El significante "choro" merece una consideración especial, en tanto se asocia en la cultura de los jóvenes pobres de Córdoba con la figura del "carteludo": categoría local significativa que designa a aquellos que en determinados espacios (como pueden ser el barrio o el baile de cuartetos) hacen gala de ser o parecer ladrones, una vez más como forma ventajosa de posicionamiento en el campo juvenil sobre todo masculino dentro del cual parece ponderarse positivamente la capacidad de desafiar las estructuras normativas o represivas[14].

De todos modos, cabe preguntarse en el marco del problema que aquí nos convoca, de qué manera se proyecta el juego de estas auto y hetero-percepciones de los jóvenes y sobre ellos en las posibilidades de pensar y articular el propio porvenir.

---

[11] Extracto de grabados de entrevista a chicos de la Escuela CRGSM

[12] GOFFMAN, E., *La presentación de la persona en la vida cotidiana,* Buenos Aires, Amorrortu, 1981.

[13] REGUILLO, R., *Emergencia de culturas juveniles,* México, Norma, 2000.

[14] Véase al respecto, BLÁZQUEZ, G., "Bailaló: danza y diferenciación social en el cuarteto cordobés", ponencia presentada en el Primer Congreso Latinoamericano de Antropología, Rosario, 2005.

Déficit de credenciales y competencias escolares

En las imágenes proyectadas respecto de su empleabilidad futura, algunos visualizan como un obstáculo la pérdida de valor de las credenciales que supone la titulación secundaria, frente a la grave crisis del empleo en nuestro país: *"¿para qué voy a seguir estudiando si al final mi hermano con un título se caga de hambre?"*[15].

Pero incluso en ese orden, diferencian condiciones estructurales del mercado laboral argentino de otras características específicas de su caso, derivadas de la mala reputación que tienen las escuelas a las que asisten, las cuales en líneas generales son mal vistas por la comunidad; y es interpretado por ellos mismos como una desventaja frente a egresados de otros establecimientos en el momento de buscar empleo:

> *"Nos dicen los negros, que al V van los negros"/ "cuando estaba entrando escuche a una mujer que decía:* (citando) *"no, a esta escuela, no. Yo ni loca mandaría a mi hijo ahí".*
> *"Es porque está en el campo".*
> *"Dicen eso de la escuela, porque hay algunos de los pibes que fuman en la puerta, se drogan en la puerta y entonces nos ponen a todos en la misma bolsa"*[16].

Pero también la calidad educativa de las escuelas está en cuestión a la hora de pensar en las posibilidades de continuar estudiando en el nivel superior:

> Estamos a mitad de año y hay materias que no tenemos docentes, a la larga vamos a salir sin saber nada, nos perjudica. Por ejemplo, si alguno quiere estudiar lenguas en la universidad no va a tener la base porque hace un mes que no tenemos clase[17].

Aunque la credencial recibida nominalmente será equivalente a la expedida por otras escuelas medias, el déficit en el prestigio o en la calidad propiamente dicha de los conocimientos impartidos y alcanzados se distribuye diferencialmente

[15] Esta percepción ciertamente frustrante e inmovilizadora que observamos en los estudiantes, lamentablemente tiene su correlato a nivel de cifras estadísticas: la tasa de desempleo de los jóvenes que completaron el secundario es levemente mayor (28,6%) respecto de los que no lo terminaron (26,9 por ciento), CATALANO, A., "Grupos vulnerados por la pobreza y estrategias colectivas de empoderamiento", en ABDALA, E., JACINTO, C. y SOLLA, A., *La inclusión laboral de los jóvenes: entre la desesperanza y la construcción colectiva*, Montevideo, CINTERFOR/OIT, 2005. Aunque también es cierto que la proporción cambia cuando se trata de las mujeres: a mayor nivel de escolaridad, mayor empleo.

[16] Extracto de grabados de entrevista a chicos de la Escuela CRGSM

[17] Extracto de grabados de entrevista a chicos de la Escuela CRGSM

en el sistema educativo[18], impactando fuertemente en las chances que tienen estos jóvenes de lograr una titulación de tercer nivel: "*La desigualdad institucional de la escolarización en el nivel medio determina fuertemente la probabilidad de acceso y terminación de estudios en el nivel universitario*"[19].

El imaginario familiar

Aquí no aparecen formuladas con claridad expectativas respecto del futuro de los hijos más allá del secundario, por lo menos en el discurso que han internalizado los adolescentes y que objetivan en el trabajo compartido: "*mis padres me dicen que estudie lo que quiera*", "*no se habla mucho en mí casa del tema*".

En esta dirección, el diseño propuesto inicialmente incluía una técnica clásica de la orientación vocacional como es el llamado "genograma vocacional", el cual permite conocer las elecciones vocacionales y actividades laborales realizadas por los miembros de la familia del joven, identificando intereses y motivaciones y el grado de asunción de deseos, normas, mandatos, de su núcleo de pertenencia inmediato.

Cuando se empezaron a notar ciertos vacíos y ausencias familiares, se opto por no incluir este dispositivo, porque hacerlo generaba angustia en ellos al objetivar la falta de una figura paterna o las dificultades para reconstruir la historia de la familia. Es decir, que se ponían en evidencia episodios de abandono o de falta de una preocupación por el tema. En esta dirección, la psicopedagoga de una de las escuelas comenta:

> Con los padres yo tengo la sensación cuando hablo con ellos que es muy peligroso escarbar y sacar las cascaritas, hay que cuidarse de hablar mucho con ellos, porque es como destapar una olla a presión y después cómo los contenés, ¡¡¡Hay unos dramas!!![20]

Una vez más la familia aparece asociada al conflicto y al malestar, en este caso específico porque proyectar un futuro implica poner en juego un pasado, en el que aparecen huecos subjetivos y angustias de abandonos.

---

[18] Situación puesta en evidencia por diversos autores (KESSLER, G., *La experiencia escolar fragmentada. Estudiantes y docentes en la escuela media en Buenos Aires*, IIPE, UNESCO, Buenos Aires, 2002; SALVIA, A. y TUÑON, I., *Los jóvenes trabajadores frente a la educación, el desempleo y el deterioro social en la Argentina*, Fundación Friedrich Ebert, Buenos Aires, 2003)

[19] TENTI FANFANI, *Escolarización con pobreza*, Op. Cit., 2005.

[20] Extracto de grabados de entrevista a chicos de la Escuela CRGSM

El enojo y el ocultamiento como registro conductual de la objetivación del límite

Es sabido que una de las cuestiones del proceso de construcción de un proyecto de vida es la discusión sobre las posibilidades de elección de los agentes, articulada en este caso, en la pregunta misma acerca de si es posible "elegir" sobre el futuro, proyectar. Es decir, que se piensa en un campo de posibilidades que delimitan las perspectivas que los jóvenes tienen acerca de su futuro.

Esta dinámica puede explicarse apelando a lo que Bourdieu[21] denomina "*sentido de los límites*": propiedad inscripta en los agentes que, al operar como una barrera mental, posibilita la aceptación no consciente de la diferencia social y la disposición a representaciones y prácticas que sirven a su reproducción en tanto fijan "lo pensable" y "lo impensable"; lo que debe considerarse "para uno" y "lo que no".

En este plano, se observan distintas situaciones en las cuales los jóvenes se ubican en un lugar de "imposibilitados" para comprender consignas dentro del proceso de trabajo que les proponíamos, lo cual vimos proyectarse también en relación a sus posibilidades cognitivas para afrontar una carrera universitaria: "*a nosotros no nos da la cabeza*", es una expresión usual para autocalificarse y además para justificar –de manera más o menos explícita en la interacción– el que la universidad sea ajena a su horizonte. Además, esto aparece reforzado –nuevamente lo sabemos por vía del discurso juvenil– por ciertos predicados familiares: "*mi mamá me dice que estudie hasta donde me dé la cabeza*".

En una lectura de proceso, puede verse que en los primeros encuentros surgían con frecuencia expresiones de enojo y hostilidad hacia las consignas que les proponíamos: "*yo no voy a estudiar nada, a mí no me interesa*". Luego, a medida en que se fueron generando condiciones para la formulación de los obstáculos que ellos visualizan respecto de las posibilidades de concretar algunas metas puntuales como, por ejemplo, estudiar una carrera universitaria, emergen claramente las limitaciones económicas para hacerlo o el no sentirse reconocidos por los padres como capaces de lograrlo. Esto explica la agresividad manifestada, en tanto moviliza vergüenza y angustia, que se proyecta en el espacio de los talleres.

De todas maneras, es importante despegarse de una concepción determinista de las elecciones y prácticas de los agentes, para pensar la posibilidad de contar con un "stock" de recursos subjetivos internalizados a partir de distintas experiencias inscriptas en su trayectoria vital a los que los jóvenes pueden recurrir en tensión con las demandas y oportunidades específicas de distintos contextos.

---

[21] BOURDIEU, P., *El Sentido Práctico*, Madrid, Taurus, 1991.

En este sentido, se valora como muy positivo que, en el marco del proyecto, algunos manifestaron interés por informarse acerca de la oferta académica de la universidad e instituciones terciarias de la zona, despejando algunas dudas respecto del significado del carácter público de la primera, sobre todo en orden a su gratuidad.

En igual dirección, el espacio de encuentro construido con los chicos posibilitó que reconozcan los recursos con que cuentan a la hora de buscar un empleo, sobre todo en lo referido a las competencias que provee la especialidad que están cursando, y el valor de su título en tanto capital a ser actualizado en determinados campos laborales:

> Ah!, pero si tiene ese título puede trabajar en una empresa de alimentos como Nestlé. Por ejemplo, a nosotros que tenemos la especialidad alimentación nos enseñaron a separar cosas, como se destila el vino, el año que viene nos van a enseñar a hacer análisis de bromatología[22].

Conclusiones

Para concluir, por el momento, pueden plantearse algunas cuestiones que apuntan más bien a las condiciones técnicas en las intervenciones psicosociales como estas.

Como marco general, el proyecto se ha propuesto superar la mera orientación vocacional para abordar de manera integral la cuestión de la proyección a futuro de los jóvenes de sectores pobres de una región del interior de la provincia de Córdoba, pensando la construcción de su proyecto de vida como una oportunidad para generar inclusión social y avanzar en la identificación de sus deseos, expectativas y también posibilidades y recursos, no sólo los inmediatamente personales y familiares, sino también los de la comunidad, en orden a que sabemos que la posesión y movilización de capital social es una estrategia de reproducción altamente fértil en la pobreza en general[23] y para la inclusión laboral de jóvenes en situación de alta vulnerabilidad social en particular[24].

En ese marco, hemos podido revisar algunos presupuestos de la intervención: aunque pretendíamos distinguirnos de la clásica y restrictiva "orientación vocacional", algunos indicios nos permiten reflexionar en el sentido de que al inicio

[22] Extracto de grabados de entrevista a chicos de la Escuela CRGSM

[23] GUTIÉRREZ, A., *Pobre', como siempre... Estrategias de reproducción social en la pobreza*, Córdoba, Ferreyra Editor, 2005.

[24] JACINTO, C., *Diagnóstico, tensiones y recomendaciones de política en relación a los vínculos entre educación y formación laboral de la población adolescente*, Naciones Unidas, Documento UNICEF, 2007.

estábamos atrapadas en una lógica propia de la dinámica de grupos pertenecientes a otras clases sociales, hacia los cuales se dirigen muchas veces los esfuerzos de este tipo de prácticas.

Por ejemplo, teníamos grandes expectativas acerca del involucramiento de los estudiantes en el proceso que le proponíamos, algo así como si estuvieran esperándonos con los brazos abiertos para que les dijéramos qué hacer con su futuro. Nada de esto pasó: al contrario, nos encontramos muchas veces con una aparente desertificación de sus expectativas en relación al porvenir, desinterés e incluso hostilidad hacia algunas tareas que les proponíamos.

La tarea del equipo pasó entonces por pensar qué nos querían decir los jóvenes con esto y cómo aprovechar el espacio abierto para trabajar algo que les sirviera, aunque no fuera estrictamente lo que habíamos planificado, o no utilizáramos las técnicas pensadas al principio. Así, por ejemplo, el genograma vocacional fue abandonado por el "Juego de la oca", en el que abrimos espacios para el diálogo lo más abierto posible con ellos, sin caer en una especie de fascinación por revolver en aspectos dolorosos y angustiantes. Esto implicó abandonar el supuesto que subyace a la técnica del genograma: que el adolescente que consulta tiene atrás una historia familiar consolidada o al menos estable que opera como un respaldo, al que algunas veces hay hasta que poner en cuestión en orden a pensar un proyecto autónomo, todo lo cual está muy lejos de la realidad familiar de nuestros adolescentes, como ya hemos planteado.

Otra de las limitaciones detectadas en el proyecto es que para realizar un proceso significativo con cada grupo, sobre todo en orden a trabajar en aspectos asociados a los objetivos de intervención, debía contarse con más tiempo en cada caso. Concretamente, se ha podido avanzar en el eje diagnóstico, y escasamente en el de intervención propiamente dicho. No obstante,

> (...) lo que define al diagnóstico no es ser una etapa en el proceso de intervención sino la actitud de escucha que debe transversalizar dicho proceso. Sin embargo, en orden a construir el objeto de intervención, esta actitud predomina estratégicamente en los momentos de inicio de la misma. Al mismo tiempo, no podría separarse de la intervención propiamente dicha: la propia acción de indagar focaliza la atención sobre determinados puntos, problematizando lo que se encuentra vivido en forma natural, no necesariamente reflexionado y en consecuencia es ya una operación de intervención[25].

[25] BONVILLANI, A., "El diagnóstico en la intervención psicosocial: proposiciones teóricas en tensión". Serie *Cuadernos del Campo Psicosocial* N° 2 Intervención Psicosocial, Compiladoras CORREA, M. y PAN, M., Facultad de Psicología, Universidad Nacional de Córdoba y Brujas, Córdoba, 2005, página 57.

Una de las conclusiones que se plantean en este momento de la intervención es que la cuestión de la construcción de un proyecto de vida no aparece en la agenda de las preocupaciones de estos chicos, o al menos, no como nos enseña la clásica teoría psicológica que podrá dar cuenta de la realidad vital de los adolescentes de clase media, pero se muestra inadecuada para la de los pobres. Las condiciones materiales y simbólicas en las que estos jóvenes han venido socializándose y construyendo una imagen de sí mismos y, en consecuencia, de lo que de ellos se espera, no constituyen escenarios que faciliten el despliegue de grandes aspiraciones hacia el futuro, más bien podría decirse que existe una limitación del horizonte de opciones y oportunidades, una precarización de la idea de futuro que hace que en muchos casos haya cierto temor a soñar con lo que puede venir.

En este sentido, es posible rescatar que proyectos acotados y modestos como estos pueden pensarse como pequeñas ventanas que se abren, dentro de un panorama que se ve, por lo menos dentro de lo que nuestra distancia de clase nos permite, altamente angustiante.

Bibliografía

ABDALA, E., JACINTO, C. y SOLLA, A., La inclusión laboral de los jóvenes: entre la desesperanza y la construcción colectiva, CINTERFOR/OIT, Montevideo, 2005.

BERGER, C., "Subjetividad adolescente: tendiendo puentes entre la oferta y demanda de apoyo psicosocial para jóvenes", en Revista Psykhe, Vol. 13, Nº 2. Chile, 2004.

BLÁZQUEZ, G., "Bailaló: danza y diferenciación social en el cuarteto cordobés", Ponencia presentada en Primer Congreso Latinoamericano de Antropología, UNR y Asociación Latinoamericana de Antropología. Rosario, 2005.

BONVILLANI, A., "El diagnóstico en la intervención psicosocial: proposiciones teóricas en tensión". Serie *Cuadernos del Campo Psicosocial* Nº 2 Intervención Psicosocial, Compiladoras CORREA, Ana M. y PAN, Mónica, Facultad de Psicología, Universidad Nacional de Córdoba y Editorial Brujas, Córdoba, 2005.

BONVILLANI, A., "De la coordinación militante a la coordinación posible: condiciones de operación y preguntas pendientes" (PARTE I y II). Ficha de estudio especialmente elaborada para el Curso de Extensión universitaria *Herramientas para el trabajo grupal en ámbitos educativos, sociales y comunitarios,* Facultad de Psicología. Universidad Nacional de Córdoba, Córdoba, 2007.

BONVILLANI, A., "La violencia de la desigualdad: algunas líneas de sentido en el encuentro con jóvenes pobres", Ponencia presentada en II Foro de Psicología y Trabajo comunitario: subjetividades y situaciones de violentación cotidiana, organizado por la Cátedra de Estrategias de Intervención comunitaria, Facultad de Psicología, UNC, Córdoba, 2007.

BOURDIEU, P., *El sentido práctico,* Taurus, Madrid, 1991.

BRITO, A., *La escuela media hoy desde la visión de alumnos y docentes.* Ponencia presentada en las Primera Reunión Nacional de Investigadores en juventudes, organizada por la Red de Investigadores en Juventudes Argentina (RENIJ), Facultad de Trabajo Social de la Universidad Nacional de La Plata, La Plata, 2007.

CASTEL, R., *La metamorfosis de la cuestión social,* Paidós, Argentina, 1997.

CATALANO, A., "Grupos vulnerados por la pobreza y estrategias colectivas de empoderamiento", en ABDALA, E., JACINTO, C. y SOLLA, A., *La inclusión laboral de los jóvenes: entre la desesperanza y la construcción colectiva,* CINTERFOR/OIT, Montevideo, 2005.

FERNÁNDEZ, A. y otros, "Microemprendimientos juveniles: dilemas entre la lógica burocrático-clientelar y la producción de autonomía", Ponencia presentada en las XIII Jornadas de Investigación de la Facultad de Psicología, Universidad Nacional de Buenos Aires, Tomo I, Buenos Aires, 2005.

GARCÍA CANCLINI, N., "América Latina: mercados, audiencias y valores en un mundo globalizado", *Globo on line,* Boletín Nº 2, Brasil, 2005.

GOFFMAN, E., *La presentación de la persona en la vida cotidiana,* Amorrortu, Buenos Aires, 1981.

GUTIÉRREZ, A., *Pobre', como siempre... Estrategias de reproducción social en la pobreza,* Ferreyra Editor, Córdoba, 2005.

JACINTO, C., *Diagnóstico, tensiones y recomendaciones de política en relación a los vínculos entre educación y formación laboral de la población adolescente.* Documento UNICEF, lugar?, 2007.

KESSLER, G., *La experiencia escolar fragmentada. Estudiantes y docentes en la escuela media en Buenos Aires,* IIPE, UNESCO, Buenos Aires, 2002.

REGUILLO, R., *Emergencia de culturas juveniles. Estrategias del desencanto,* Norma, México, 2000.

SALVIA, A. y TUÑON, I., *Los jóvenes trabajadores frente a la educación, el desempleo y el deterioro social en la Argentina,* Fundación Friedrich Ebert, Buenos Aires, 2003.

TENTI FANFANI, E., "*Escolarización con pobreza: desarrollo reciente de la educación básica en América Latina*", L' Ordinaire latino-américain, Anniversaire: Vues d'hier, enjeux däujourd hui, Nº 200-201, IPEALT, Université de Toulouse, Francia, 2005.

ZEGERS, B. (1988). "Desarrollo psicosocial normal en la adolescencia y la edad juvenil" en FLORENZANO, R., MADDALENO, M. & BOBADILLA, E., (Eds.), *La salud del adolescente en Chile* (97-110). Santiago: Corporación de Promoción Universitaria, CPU, citado en BERGER, C., "Subjetividad adolescente: tendiendo puentes entre la oferta y demanda de apoyo psicosocial para jóvenes", Revista *Psykhe*, Vol. 13, Nº 2, Chile, 2004.

Asesoramientos Técnico

De la UNVM a la Comunidad Regional General San Martín (CRGSM)

Introducción

La CRGSM es la segunda Comunidad más poblada de la Zona Este y una de las más habitadas de la Provincia de Córdoba. En efecto, el conjunto de sus habitantes representa el 16, 4% de aquella área oriental y el 3,8% del total provincial.

Según el Centro Estadístico Regional (CER), dependiente de la Municipalidad de Villa María, la población total de la CRGSM en febrero de 2006 era de 129.807 habitantes, creciendo a un ritmo anual de 1,75%, es decir, unos 2.023 habitantes más por año mientras que la provincia lo hace a una Tasa Anual de 1,07%.

El único caso de disminución de población que se observa en la región, es la zona rural de Villa María y Villa Nueva, y ello se explica por el éxodo de campesinos a las poblaciones más cercanas de las respectivas explotaciones agropecuarias, fenómeno que ocurre desde la década del ochenta.

Observando el fenómeno migratorio, puede afirmarse que de acuerdo a un relevamiento de agosto de 2002, efectuado por el Centro Estadístico de Ciencias Sociales (CECICS) de la UNVM, en el Gran Villa María (ciudades de Villa María y Villa Nueva), los nacidos allí constituían el 63%; los nacidos en otro lugar de la provincia, eran el 30%; los nacidos en otra provincia, el 4% y, los extranjeros o nacidos en otro país, el 3%[1]. *Se verifica entonces, que las pequeñas localidades con alguna producción industrial (Ticino, Arroyo Cabral, Etruria, etc.), atraen mayor población que aquellas urbes con cierta concentración de comercios y servicios (Villa María), precisamente destinados a satisfacer las demandas de las primeras.*

En materia política-institucional, la CRGSM se encuentra integrada por quince municipios, de los cuales, tan sólo dos presentan una población superior a los 10.000 habitantes: Villa María y Villa Nueva. Por lo tanto, son los únicos mu-

[1] CECICS, 2003, pág. 19.

nicipios que poseen Carta Orgánica. Los trece municipios restantes rigen su gobierno acorde a la Ley Orgánica de Municipios (Nº 8.102). Los 2 municipios nombrados que poseen más de 10.000 habitantes representan el 81% de la población total de la Comunidad. El resto de las municipalidades representan, en su conjunto, tan sólo el 19% de la población total teniendo en cuenta los datos suministrados por el Censo Poblacional 2001.

El gobierno de la CRGSM se encuentra formado por cuerpo deliberativo denominado: *Comisión Regional*, un órgano ejecutivo que será ejercido por un Presidente; y un *Órgano de Control*. La Comisión Regional es el órgano máximo de la Comunidad Regional y se integra por todos los Intendentes que conforman la Comunidad. Cada uno de sus integrantes tiene un voto a los fines de la toma de decisiones. Las atribuciones y deberes de la Comisión Regional, son de índole presupuestaria, planificación, formación y sanción de resoluciones, designación y remoción de integrantes del órgano de Control, de los Administradores de la Comisión y demás personal de la Comunidad (artículo 8°). La Comisión designará entre sus miembros *un Presidente*[2], cuyo cargo es de un año.

Diagnóstico

Condiciones demográficas

Observando el comportamiento demográfico regional medido entre Censos, en 2001, en esta Comunidad residían 116.107 personas, lo cual representó un 10,41% más de lo relevado en 1991. Sin embargo, este crecimiento porcentual fue menor al registrado en las décadas anteriores (11% entre 1980 y 1991; 10,9 entre 1970 y 1980; 9,8 entre 1960 y 1970) y sustancialmente inferior al período de mayor expansión en la historia regional: 16,8% entre 1947 y 1960[3].

Condiciones educativas y laborales

En términos comparativos, la Comunidad crece más que las otras zonas vecinas del Este cordobés pero menos que la provincia de Córdoba: 9,8% (1991-2001); 13,1% (1980-1991); 14,9 % (1970-1980); 16,6% (1960-1970) y 12% (1947-1960). No obstante, a su interior, localidades como La Playosa (24,1%), Villa Nueva (16,3%) y Tío Pujio (16%) se muestran con un gran dinamismo demográfico.

---

[2] Hoy, asume ese rol, el Intendente de Etruria, Sr. Baravalle.

[3] CEPYD, Córdoba, 2005, pág. 7.

Las primeras diez causas identificadas de mortalidad durante el año 2003 para la CRGSM, típicas del perfil de países desarrollados, han sido en este orden: insuficiencia cardíaca, no especificada; choque cardiogénico; otras causas mal definidas y no especificadas –seguramente, accidentes de tránsito, entre otras–; neumonía, no especificada, etc[4]. *La muerte de decenas y cientos de jóvenes del Departamento, debido al exceso de alcohol, sobre todo, los fines de semana, es un dato elocuente de la pérdida de capital humano que sufre por causas evitables, nuestro país y región.*

En relación a la Tasa de Natalidad, la cifra promedio de la CRGSM es inferior a la provincial y lo mismo ocurre con Marcos Juárez, aunque el resto de las Comunidades del Este superan en el promedio de natalidad a la provincia.

Según el CECICS de la UNVM, el Índice de Desarrollo Humano (IDH) del aglomerado Gran Villa María en el año 2002, alcanzaba un valor de 0,617; es decir, mucho menor al calculado por el CPCE para la región, ubicándose como una zona de desarrollo humano medio, de acuerdo a la clasificación utilizada por el PNUD. En el año 2003, el IDH de la región había trepado a 0,669 y en el 2005, a 0,712[5].

En términos educativos, la tasa de escolarización para la CRGSM es alta en todos sus niveles, comparándola con el resto de las Comunidades del Este de la provincia. Además, presenta una variada oferta educativa en los diferentes niveles, a lo largo y lo ancho de su territorio. Pero en la CRGSM, excepto en el último trienio, no ha habido nuevas inversiones públicas o privadas en edificios escolares, a lo que debe sumarse que el mantenimiento de las escuelas es muy lejano al óptimo. Además, son muy preocupantes las tasas de repitencia y deserción, sobre todo en el nivel medio.

Laboralmente, puede observarse, *en comparación con las otras Comunidades del Este cordobés, que la proporción de cuentapropistas y empleados públicos sobre el subtotal de ocupados dependientes es más elevada en la CRGSM mientras que la participación de patrones es menor. Este perfil laboral regional, estaría testimoniando ciertas dificultades en la creación de nuevas empresas privadas y, por lo tanto, creadoras de empleo formal respecto a otras regiones similares.*

En términos de su formación educativa, el 42% de los empleados villamarienses-villanovenses posee nivel medio (completo o incompleto); el 35% primario

---

4 Respecto a la tercera causa de muerte, cabe recordar que en el año 2005, en Argentina, según la ONG "Luchemos por la Vida", hubo 7.138 víctimas fatales, más de 120.000 heridos y miles de discapacitados. Sobre 4.762 muertes en los primeros ocho meses de este año, Buenos Aires, Córdoba y Santa Fe, surcadas por la fatídica Ruta Nacional N° 9, que atraviesa las Ciudades de Villa María y Tío Pujio en la CRGSM, concentran la mitad de dichos muertos, Diario *Clarín*, 2006.

5 CECICS, 2002, pág. 11. CECICS, 2006, pág. 100.

completo; el 13,09% nivel terciario; el 8,72% nivel universitario y el 1,19% nivel primario incompleto. El 43% de los obreros posee nivel medio (completo o incompleto); el 22% primario completo; el 20% nivel terciario; el 10% nivel primario incompleto y sólo el 5% nivel universitario[6].

Mientras en el año 2002, el promedio de ingresos por persona ocupada en el Gran Villa María era de 422,98 pesos, en el 2003, ya ascendía a 468,80 pesos y en el 2005, a 646,08 pesos. En términos de distribución, en el 2002, el 71% de los ocupados declaraba percibir menos de 450%; el 22% cobraba entre 450 a 1.000 mil y el 7% restante, más de 1.000 pesos. En el 2005, la situación mejoró en general: el 40% cobraba menos de 450 pesos; el 34% entre 450 y 1.000 pesos y el 26%, más de 1.000 pesos[7].

La CRGSM tiene la mayor proporción de mayores de 65 años y más, que percibe un haber jubilatorio, comparando con el resto de las Comunidades Regionales del este de la Provincia de Córdoba[8].

En términos macroeconómicos, la región concentra una industria muy poderosa, la de alimentos y bebidas, incluyendo más de una treintena de empresas exportadoras y con subsectores como la láctea, de fuerte relevancia.

> La CRGSM cuenta con alrededor de un centenar de Pymes elaboradoras de productos lácteos, un 29% del total de plantas cordobesas. Estas poseen un volumen de producción que, en general, oscila entre 3.000 a 6.000 litros por día, fundamentalmente quesos. Se caracterizan por ser empresas familiares y porque más del 60% procesan la propia producción en el mismo campo, denominándose tambos-fábricas. Emplean a más de 530 personas. Si a esto se le suma la mano de obra familiar, estimada en 190 personas, hacen un total de 720 puestos de trabajo. Esto hace una ecuación de un empleado cada 1.000 litros mientras las grandes empresas poseen un empleado cada 15.000 litros[9].

Testimoniando la relevancia que posee el sector agropecuario para la CRGSM, el 3% de la población de la misma recibe sus ingresos directa o indirectamente de la actividad agropecuaria. La CRGSM se encuentra en la Zona III, junto a los siguientes Departamentos: Marcos Juárez, San Justo y Unión, conformando un bloque de 46.539 km², de los que un 43,16% se dedica a la práctica ganadera, un 41,93% a la agricultura y apenas, un 0,04% se dedica a la explotación forestal y hortícola.

---

6 CECICS, 2003, pág. 29.
7 CECICS, 2006, pág. 100.
8 CEPYD, 2005, pág. 37.
9 PYLACOR, 2006. INTA, VILLA MARÍA, 2006. IIE, 2000, pág. 161.

En la ciudad de Villa María, cabecera departamental, al 1 de septiembre de 2005, había 7.140 categorías de ramas de empresas comerciales. Sobre dicho total, la venta de alimentos varios representaba el 23,29%; la venta de diarios y revistas el 22,41%; alimentos, carnes y comidas, el 16,11%; artículos en general, el 10,27%; prendas de vestir, confección, cuero y calzados, el 6,05%. Entre las 1415 empresas de servicios, había 149 generales (bancos, servicios financieros, etc.); 110 de transporte; 32 de depósitos y almacenamiento; 250 de comunicaciones y 874 "otros" –reparación de automotores y sus partes, peluquerías y pedicurías, servicios de imprenta, etc[10].

Los Colegios Profesionales de la CRGSM incluían hacia el año 2002, 300 arquitectos; 265 abogados; 250 médicos; 210 profesionales en Ciencias Económicas; 200 psicólogos; 200 psicopedagogos; 200 trabajadores sociales; 173 ingenieros especialistas; 110 kinesiólogos; 29 ingenieros civiles y 20 escribanos[11].

Es decir, en la CRGSM, habrían 580 habitantes por arquitecto; 438 habitantes por abogado –en el país hay 270 habitantes por abogado–; 474 habitantes por médico –en el país, 193 habitantes por médico– y, 552 habitantes por profesional en Ciencias Económicas –en el país, 374 habitantes por profesional en Ciencias Económicas. Es sorprendente la plétora de psicopedagogas que hay en la zona: una cada 580 habitantes, mientras en el territorio nacional, hay una cada 15.000 habitantes. También es importante la cantidad de kinesiólogos: uno cada 1.055, mientras en el país, hay uno cada 2.500 habitantes[12].

Entre 1999 y 2005, producto de la crisis de 2001, posterior "boom" del campo y el cambio de modelo macroeconómico; las industrias bajaron del 7,08% de participación en el total de la economía villamariense al 6,36%; los comercios subieron del 61,5 al 78,15%, mientras los servicios descendieron del 31,42% al 15,49%[13].

En materia financiera, el total de los depósitos en el año 2002, alcanzaron los 102.642.026 pesos; en el 2003, los 208.105.883 pesos y en el 2004, 275.518.636 pesos. Los préstamos alcanzaron en el 2002, los 68.171.920 pesos; en el 2003, los 56.779.541 pesos y en el 2004, 188.555.137 pesos. Ese año, por cada peso que una persona recibía en préstamo la población de Villa María y región, depositaba 1,46 pesos en las entidades bancarias de la ciudad[14].

En el 2004, el 48,43% de los depósitos los captaba la banca oficial (Banco Nación y Banco de Córdoba) mientras el resto se repartía entre las restantes diez

---

[10] CER, 2006, págs. 22-32.

[11] Información periodística tomada del Diario *El Puntal de Villa María*, 2002.

[12] IIE, 2005, pág. 87.

[13] CER, 2006, pág. 33.

[14] CER, 2006.

entidades financieras de Villa María. El Banco Nación concentraba el 26,7% de los depósitos[15].

Ordenamiento territorial

En términos del ordenamiento territorial, la CRGSM limita al Norte con las Comunidades de Tercero Arriba y Río II, al Sur con Juárez Celman, al Este con Unión y al Oeste con Tercero Arriba y Juárez Celman.

Esta Comunidad está topográficamente desprovista de elevaciones prominentes en toda su extensión, presentando una superficie suavemente ondulada con pendiente hacia el Este. De Noroeste a Sureste la recorren el río Tercero y los arroyos Los Manantiales, Algodón, Las Mojarras, San José, Tegua y Chazón. Hacia el Sur, se forman lagunas de importante tamaño, que en épocas de lluvia aumentan considerablemente sus espejos, llegando a inundar tierras laborables y/o de pastoreo. Estas fluctuaciones de superficies inundadas, conjuntamente con variaciones de la capa freática, provocan salinización de los suelos bajos[16].

Condiciones ambientales

En materia ambiental, según la Agencia Córdoba Ambiente, la aptitud del medio físico para acoger predios de disposición final de residuos, se ha expresado en función de tres características:

* Respecto de la permeabilidad, se han identificado seis clases con riesgo creciente de contaminación de aguas subterráneas:

  Villa María posee: Permeabilidad Media;
  Villa Nueva posee: Permeabilidad Medianamente Alta. 0

* Respecto de la profundidad del nivel freático los predios se han ordenado en cinco clases, con grados decrecientes de riesgo de contaminación de aguas subterráneas:

  Villa María: 4/5 metros - riesgo alto;
  Villa Nueva: 6 metros

* Con respecto a la distancia de los predios a cursos de agua, se identificaron cinco clases con riesgo decreciente de contaminación de aguas superficiales:

---

15 Ibidem.

16 RAMÍREZ SOSA, A. y ALÉ, V., "Informes Departamentales General San Martín", Facultad de Agronomía, UNC, Córdoba, 1997.

Villa Nueva: Entre 200 y 499 metros, riesgo mediano;
Villa María: Mayor de 2.000 metros, riesgo mínimo.

Con respecto los métodos de disposición de los residuos, los utilizados son:

* La quema de los residuos. Con el objetivo de reducir los volúmenes y disminuir la presencia de insectos y roedores. Se practica en Villa María y Villa Nueva.
* La aplicación de insecticidas: esta práctica se usa principalmente para controlar la proliferación de moscas. Se practica en Villa Nueva.
* Alimentación directa de animales, generalmente cerdos: es otra de las prácticas usuales para ciclar la materia orgánica y reducir los volúmenes. Constituye una práctica totalmente desaconsejable, debido a los riesgos sanitarios animales y humanos que conlleva: triquinosis, tuberculosis, brucelosis, peste porcina, etc. Se practica en Villa Nueva.
* Zanjeo: tal como se comprobó en los casos estudiados, no se evitan los problemas de contaminación de aguas subterráneas, debido a que no se impermeabilizan las bases de las fosas y, por lo tanto, no se impide la percolación de líquidos lixiviados de los residuos. Se practica en Villa María.
* Cobertura o tapado de residuos: como fue indicado en el punto anterior, esta metodología mejora algunos aspectos negativos del abandono a cielo abierto. Se practica en Villa María.
* Separación: la práctica de separación en el predio, vulgarmente denominada "cirujeo", disminuye los volúmenes a disponer sobre o bajo la superficie. Es ambientalmente recomendable por la recuperación de materiales, lo que redunda en menores presiones sobre las fuentes de recursos naturales. Se practica en Villa María.

Comunicación y Transporte

Respecto a la infraestructura, por ejemplo, la CRGSM cuenta con transporte urbano e interurbano. En el caso de las líneas de transporte urbano sólo se limitan a las ciudades de mayor dimensión como son Villa María y Villa Nueva, siendo la empresa E.M.T.U.P.S.E. quien presta el servicio en la primera localidad nombrada, y "La Estrella" quien lo realiza en la otra. Por su parte, el transporte interurbano lo prestan diferentes empresas en cada uno de los quince municipios, concentrando a los de larga distancia en la ciudad de Villa María debido a las condiciones que presenta la localidad, como el hecho de que es una ciudad de tránsito para el turismo serrano y además, porque su Terminal de Ómnibus tradicionalmente recibe la llegada de diferentes turistas.

Las empresas que recorren los quince municipios y cuentan con mayor frecuencia de prestación son: Empresa Córdoba SRL – COATA SA (empresas asociadas) y Transporte Villa María. En el caso de la primera, que es considerada la más importante de la provincia por su extensión y venta de aproximadamente, 25.000 boletos mensuales, cuenta con cuarenta y tres coches disponibles, y su asociada con treita y seis coches, entre ambas poseen seis coches modelo 2006. Estas líneas cuentan con una frecuencia determinada en cada localidad:

Córdoba - Coata:

* Ausonia, Chazón, Etruria y La Laguna: cada una hora y cuarenta y cinco minutos, en promedio.
* La Playosa, Arroyo Algodón y Las Mojarras: cuenta con cuatro horarios al día, en momentos claves como es por la mañana, medio día y noche.
* Pasco y Ticino: uno solo en horario de la mañana.
* Tío Pujio y Villa María: cada una hora se encuentra este transporte disponible.

Transporte Villa María:

* La Playosa, Arroyo Algodón, Las Mojarras, Arroyo Cabral y Luca: tienen una frecuencia de cada dos horas por día.

En los casos de Silvio Pellico y La Palestina, no cuentan con la prestación del servicio de ninguna empresa interurbana.

En la Terminal de Ómnibus de Villa María registra paradas de diferentes empresas de transporte de larga distancia: Urquiza; Sierras de Córdoba; Zenit; Encon; El Práctico; La Victoria; Transporte Ciudad de Río Cuarto (SAT); Andesmar; Tramat; Chevallier; Plus Ultra; Mercobus y Nandú del Sur.

Con respecto a la red ferroviaria, la mayor densidad de líneas se encuentra en el Sudeste de Córdoba, a diferencia de la infraestructura vial. Los ramales ferroviarios que atraviesan la Provincia de Córdoba forman parte de las redes concesionadas por el Estado Nacional para transporte de cargas.

Se han subdividido según la empresa a la que pertenecen:

Nuevo Central Argentino S.A. (ex línea Mitre);

Buenos Aires al Pacífico S.A. (ex línea San Martín);

Ferrocarril General Belgrano S.A. (ex línea Belgrano).

Con respecto a los volúmenes anuales de tráfico de cargas de los principales ramales de la provincia de Córdoba, son estimativamente los siguientes:

Ramal Córdoba - Villa María 300.000 ton/año.

Ramal Deheza - Villa María	1.500.000 ton/año.
Ramal Villa María – Rosario	2.000.000 ton/año.

Existe una única línea de transporte de pasajeros que parte de la ciudad de Córdoba y cuyo destino final es la ciudad de Villa María, viajando unas cuatrocientas personas por mes.

La Experiencia de Investigación en la Dirección Municipal de Juventud

Introducción

La presente investigación, en la que colaboraron las alumnas pasantes del 6to. Año del Instituto Manuel Belgrano de la ciudad de Villa María, Rebeca Mónaco y Florencia López Abraham en el año 2009, surge por el interés del grupo sobre el estado actual de la adolescencia. Se busca motivar al Estado para que genere interés por los jóvenes vulnerables y sus necesidades públicas.

Esta coyuntura es, en realidad, un reflejo de la problemática vivida en la actualidad, tanto a nivel nacional como mundial. La sociedad actual, en muchos aspectos, se encuentra en una situación inconsistente e influye en un momento crucial de la vida de los adolescentes, marcando su futuro económico, social, cultural y personal.

Entrevista a Leticia Camusso. Dirección de Juventud Villa María

–[...] ¿Qué es lo que ustedes quieren saber?
–Nosotros, principalmente nos dieron... o sea, el grupo nos dio algunas pautas con las que tenemos que hacer para ellos.
–Sí...
–Y... bueno. Primero y principal nos mandaron a buscar información y ver como continua el proyecto "Más y Mejor Trabajo y Educación", o sea, que comenzó este año; sobre normativas y proyectos de inclusión juvenil, que en este caso sería en Villa María, porque tenemos que ir por región. Nosotros armamos algunas preguntas.
–Bueno, ustedes trabajaron, ustedes están interesadas en el proyecto de "Más y Mejor Trabajo".

–Sí...

–Bueno, nosotros como Dirección de Juventud lo que hacemos es acompañar en esta iniciativa, que se está implementando a través de la Oficina de Empleo de la Municipalidad.

–Sí.

–No se implementa a través de la Dirección de Juventud, porque es, o sea... en el programa "Más y Mejor Trabajo", trabaja justamente a través de las redes de Oficina de Empleo. En nuestro caso, nuestra ciudad tiene una oficina de empleo que funciona sobre calle Mendoza.

–Sí, mañana tenemos una entrevista con ellos.

–Bueno, y además, en el caso de pocas ciudades, cuenta con el área municipal que está destinada a lo que es políticas públicas de juventud, que bueno, que es la Dirección de Juventud. Nosotros acompañamos pero el Programa se baja a través de la Oficina de Empleo, así que son ellos en realidad quienes están ejecutando el programa. Nosotros hemos acompañado todo lo que ha sido la... la... implementación y la tarea de difusión a través... de... de... los Municerca por ejemplo, cuando se abrió la convocatoria y demás, pero en realidad quien maneja el Programa es la Oficina de Empleo.

–Claro...

–Así que bueno con respecto al programa les voy a poder ayudar un poco y nada... digamos... porque son ellos que están llevando a cabo tanto acá en Villa María como en Villa Nueva.

–Claro...

–Camilo Banchio es el titular de la Oficina de Empleo, él es el que tiene a su cargo la ejecución del programa.

–Además de los Municerca, ¿Cómo se promocionó? ¿Cómo fue desde su área la promoción?

–En realidad la firma del convenio por el Programa se realizó a fines del año pasado por... no recuerdo bien (piensa) ahora, si fue por octubre o noviembre del año pasado, eh... y después comenzamos con lo que es la tarea de difusión. Nosotros nos encargamos... de... bueno, todo lo que fue durante las actividades de verano la que se realizó en la costanera, bueno, nosotros hacemos lo que es el "Costanera Rock", por ejemplo, en los domingo de verano y en la actividades que también hace la Dirección de Cultura. Estuvimos repartiendo folletería con la convocatoria para quienes estuvieran

interesados en participar del programa. No sé si ustedes saben, el Programa está dirigido a jóvenes entre 18 y 24 años, que bueno, que están desempleados, que no hayan finalizado el colegio secundario o el colegio primario, eh... por eso es Trabajo y Educación, justamente, porque tiene como contrapartida para recibir la beca o para insertarse en el Programa la concreción de los estudios primarios o secundarios y justamente seguir avanzando, además en las cuestiones de educación y estudio, en capacitación de cursos y demás... Así que bueno, nuestra colaboración fue en primera medida a través de la difusión y luego fuimos también participando en lo que han sido las charlas informativas que se realizan en los distintos Municerca como les decía recién, que funcionan en la ciudad. Estuvimos por ejemplo, en el barrio General Roca, Nicolás Avellaneda, Las Playas, bueno, se han realizado varias reuniones... en el barrio Belgrano también, para directamente trabajar en los grupos de chicos de... del barrio para poder comentarles en qué consistirá el programa y de qué forma podrán participar ellos.

–Desde su área... ¿A qué instituciones recurrieron?

–¿Para la difusión?

–Para el proyecto en general. ¿Han recurrido a instituciones desde su área?

–No, nosotros lo hemos hecho. La difusión en particular en nuestro caso la hemos hecho como te decía, con actividades de verano y a través de los contactos de nuestro correo electrónico y demás, para enviarle la información de que podían, de quiénes en realidad podían participar en el Programa, porque es un programa que no es abierto sino que tiene un público muy especifico.

–Por parte de Villa María, ¿el Área de Juventud va a crear proyectos similares?

–Nosotros estamos trabajando, bueno, en este momento, este año, por ejemplo bueno, acá tenía un poco de información (acerca unas carpetas), en un programa con la Dirección Nacional de Juventud que se llama "Jóvenes Padre Mugica". Este Programa lo hicimos el primer encuentro provincial en el mes de mayo y la idea es, o sea, es un programa del Ministerio de Desarrollo Social, que se baja a través de la Dirección Nacional de Juventud, y si se baja a la Direcciones de Juventud para poder trabajar con grupos de jóvenes, con ONGs o asociaciones civiles que trabajan con jóvenes para fomentar los pro-

yectos socio-productivos y socio-comunitarios. Es un programa que tiene pura y exclusivamente la integración de los jóvenes tanto en el sistema laboral y demás. También la inclusión social que se puede realizar a través de talleres culturales, talleres educativos, de capacitación, de formación. Apunta a los distintos aspectos de la vida del joven, ahh... pero la diferencia fundamental es que los proyectos tienen que surgir de los grupos juveniles; lo que no nosotros hacemos como Dirección de Juventud es... mediar o interceder para que desde acá... desde Villa María y de la región, porque no hay muchas áreas de juventud en la provincia, podamos enviar la información a la Dirección Nacional de Juventud y de esa forma se baja el financiamiento y el acompañamiento de los proyectos... (Llegada de personal del área a la oficina).
(Continua con la entrevista) –Bueno, les estaba comentando lo del proyecto, la idea como bueno, como, justamente es trabajar a través de las iniciativas y de las ideas de los proyectos que tienen los jóvenes tanto de la ciudad como de la región. Bueno, nosotros estamos tratando de interceder en eso... de mediar ante la Dirección Nacional de Juventud.
–Claro ¿Cuántos jóvenes acuden a su área?
–Y... nosotros no llevamos una cuenta de quienes vienen. Si, lo que tenemos son algunos programas más focalizados, más específicos, como es la comisión de estudiantes secundarios que está conformada por chicos que representan distintos colegios, que también ellos generan sus propias actividades y proyectos... en este momento estamos contando con treinta chicos aproximadamente que están en representación de diez colegios de la ciudad. Más allá de eso siempre hay chicos que han participado de otros programas, y bueno... van pasando, vienen por la Dirección. En el caso del Programa "MERCOSUR Joven", que es un programa que ya tiene cinco años de ejecución este año estamos contando con 230 participantes aproximadamente. Que son de Villa María y de la región, de las localidades compuestas por el ENINDER. Que es el Ente Municipal para el Desarrollo Regional. Bueno, este ente está conformado por 47 localidades de las cuales no todas tienen colegios secundarios, nosotros trabajamos con colegios secundarios en este programa también pero hoy tenemos 31 (piensa)... 32 grupos de aproximadamente cinco chicos cada uno de nuestra ciudad, del Departamento General San Martin y del ENIN-

DER (ingresa gente al lugar). Bueno, como verán entra mucha gente. No, lo que pasa que nosotros también, lo que tenemos en nuestro caso es, bueno, además de nuestros programas propios, otros programas como el Costanera Rock que nos ponen en contacto con, con bandas de músicos, entonces tenemos contactos con los chicos de la ciudad, los chicos de la región, con chicos de otra provincia, porque... por ahí la idea nuestra también es generar espacios para aquellos que no tienen un espacio.

–Claro...

–Y ahora por ejemplo también con toda esta herramienta de la descentralización territorial y de los Municerca podemos trabajar con los chicos en los barrios, tenemos contacto con un grupo del barrio San Nicolás que está trabajando mucho por su barrio, hay un grupo también interesante del barrio Felipe Bota, que estuvo participando en el programa "Jóvenes Padre Mugica", hay chicos en el barrio Los Olmos, que esta herramienta a nosotros nos ha permitido mucho acercarnos nuevamente a los chicos en los barrios de la ciudad, que por ahí a algunos se les hace muy difícil venir hasta acá, por más que estemos en el centro, entonces lo que nosotros hacemos es llevarle las actividades a su barrio. Una de las actividades justamente es por ejemplo el programa "Expresarte" que el año pasado, por ejemplo, estuvimos haciendo, bueno, un concurso literario, un concurso de banderas, en el que estuvieron participando los chicos y hacíamos además proyecciones de cine debate. Este año lo que le agregamos a este programa fue la realización de murales, ya estuvimos haciendo un mural en el barrio Industrial con los chicos del barrio, y próximamente vamos a hacer uno en el barrio Pellegrini. En la escuela Juana Manso, con los chicos del barrio Carlos Pellegrini y con los chicos de la Comisión de Estudiantes Secundarios. Así que la idea es, la idea es por ahí, para nosotros tratar de mezclar un poco, porque la Comisión de Estudiantes Secundarios está conformada por chicos que tienen una realidad justamente de inclusión en muchos casos que no tienen algunos chicos en algunos barrios, que en vez de estar estudiando tienen que estar trabajando, o que son padres, entonces son realidades muy diferentes y la idea es poder mezclarlos, digamos, para que puedan conocer tanto uno como de otros.

–Con las zonas más vulnerables.

–Claro, sí...

–¿En su área se han creado normativas en la que estén incluidas los jóvenes?

–No, normativas no se ha presentando durante la gestión de Sebastián Capurro una iniciativa para una Ordenanza municipal que contemplara… algunas cuestiones juveniles, y si se presentan siempre lo que serían las propuestas al comienzo de la gestión del Intendente, nosotros del intendente Accastello, hemos presentando por ejemplo cuales considerábamos algunas propuestas interesantes de inclusión social que tenían que estar destinada a los jóvenes que muchas veces no dependen pura y exclusivamente del área de Juventud sino que se pueden realizar a través del área supongamos la Dirección de Vivienda justamente por esta realidad que les decía de muchos papás jóvenes, acá cuando hablamos de jóvenes hablamos de personas que tienen entre catorce y veintiún años aproximadamente. De acuerdo a lo que dice la Dirección Nacional de Juventud. Pero no podemos hablar de… de un sólo tipo de juventud, sino que hablamos de juventudes, lo que decíamos recién, de realidades muy diferentes. Entonces por ahí hay algunas cuestiones que no dependen de nosotros, una… nosotros podemos trabajar con una asociación en una campaña de prevención de VIH, pero el Consejo Municipal de la Salud es quien concentra las campañas de prevención y demás, podemos trabajar articuladamente, pero por ahí la política o la normativa no depende de nosotros.

–Claro…

–Todo lo que sea marco normativo depende del Consejo Deliberante de la ciudad, no de la Dirección de Juventud.

–Y… con esto que me dijiste recién de las actividades de inclusión que se hacen para en los barrios, cuando se juntan… ¿hay alguna diferencia? ¿Se nota la diferencia entre chicos?

–No para nada. Para nada ¿por qué?

–O sea, los jóvenes lo toman con naturalidad…

–Sí, es el primer momento, o sea… nosotros tratamos de hacer reuniones previas, o sea, no ir a una actividad directamente…

–Sino que se conozcan.

–Claro, si no hacer unas reuniones previas, donde se puedan conocer, donde cada grupo explique quién es y de dónde viene y que es lo que está haciendo como para que puedan entender porque pueden trabajar todos juntos, porque… lo que nosotros tratamos de fomentar es

justamente eso, que trabajen juntos como en el año pasado, la comisión de estudiantes secundarios tuvo… acompañando a los chicos del barrio San Nicolás en las actividades del Día del Niño que se realizaron en el barrio. Había muchísimos niños, ellos necesitaban ayuda, digamos, para poder contener y manejar a la cantidad de chicos que había, y nosotros los ayudamos nos reunimos con ellos, diagramamos como iba a ser la actividad, cuáles iban a ser los juegos, y demás, pero todo en conjunto, o sea, nadie… nadie tenía más ideas que otro, ni nada por el estilo, y de la misma forma se organizó, cómo se iba a entregar el chocolate caliente para los chicos o las bolsitas con las sorpresitas y todo lo demás son siempre actividades de… de… digamos de índole solidaria y… voluntaria, y eso es lo importante digamos a destacar.

–Creo que nada más, no sé si nos querés preguntar algo más… algo al respecto, aparte.

–No, creo que el programa más grande por ahí nuestros estarían, ya estarían contemplados. Lo que sí, bueno, estamos reforzando justamente, esto que les decía del contacto con los barrios a través de la Secretaria de Descentralización Territorial, bueno, por ejemplo ahora, así como ustedes tienen las pasantías, los chicos del colegio Nacional hacen lo que es, bueno, el voluntariado social y eso, que es como una especie de pasantía. Ellos comenzaron con nosotros en abril y están hasta ¿noviembre? (le pregunta a una compañera de trabajo) hasta noviembre están con nosotros. Bueno, y la idea surgió de ellos, era trabajar la temática de prevención, en este caso con niños pequeños, y bueno vamos a trabajar con las… los Centro de Promoción Familiares, o guarderías que les dicen municipales, con algunas de ellas para poder hacer una obra de títeres y un día de juegos, un día diferente, donde los chicos puedan realizar otro tipo de actividades, y bueno, en este marco presentar una obra de títeres que estaban realizando los chicos en materia de prevención de… de salud bucal, así que bueno, eso sería otra de las actividades, pero la idea es este tipo de actividad es coordinada con los chicos del voluntariado de acuerdo también con lo que se les solicita desde el colegio.

–Claro… ¿y algunas otras actividades que tengan en algunas zonas vulnerables de la ciudad?

–Nosotros lo que hacemos mucho es trabajar, bueno, como te decía, de forma conjunta con la Secretaria de Descentralización, si como

hace dos años que se esta trabajando a través de los Municerca y demás, nosotros no hemos todavía llegado a... a generar un programa propio que sea descentralizado, somos tres personas trabajando dentro de la Dirección de Juventud y son veinte barrios los que están agrupados en cinco Municerca. Cada Municerca, concentra cuatro barrios, o sea, contempla un territorio de cuatro barrios y es muy grande, lo que si hacemos es trabajar de forma conjunta con el Municerca en algunas actividades, por ejemplo en lo que fue el "Expresarte", nosotros bajábamos, decíamos (se ríe), vamos con el programa o con la actividad hacia un barrio y trabajamos en conjunto, la convocatoria, la discusión y demás. Hemos trabajando, hemos acompañado a través de lo que ha sido las reuniones en el presupuesto participativo, pero más que nada lo que hacemos es, trabajar en conjunto con el Municerca. Nosotros no tenemos en este momento un programa propio, bueno, si lo que hicimos, en el caso del Programa "jóvenes Padre Mugica" fue invitar, trabajamos como te decía con el Municerca invitar a los jóvenes de los barrios porque era la población a la que estaba justamente destinado el programa.

–Claro, en este caso sí...

–En este caso sí, claro... ya cuando nosotros trabajando en un programa como el "MERCOSUR Joven" trabajamos con los colegios secundarios o la comisión de estudiantes secundarios también.

–Claro...

–Pero después nos pasa también esto de que vienen de distintos grupos, o chicos de distintos lugares a generar, o sea, a traer una propuesta, que es lo que les gustaría hacer...

–¿Les ha pasado que han venido chicos con propuestas... ?

–Sí, sí... nos pasa.

–¿Se llevan a cabo después esas propuestas? O sea, se tratan de llevar a cabo...

–Sí, todo depende de qué forma, o sea, de que es lo que están buscando. Sí, bueno, nosotros ahora estamos trabajando auspiciando la actividades de "Destilarte" que es una propuesta cultural de unos chicos que son alumnos de la UNVM acompañamos también varias iniciativas como... "Un minuto por mis derechos" que también lo organizan desde la universidad, los alumnos de la UNVM pero justamente los acompañamos este tipo de proyectos porque son generados por jóvenes y se trabaja con jóvenes. No son proyectos nuestros,

nosotros no creemos que desde acá tiene que salir todas las opciones de lo que hay que hacer, sino que la idea es poder lograr que todas las actividades juveniles, por y para los jóvenes se puedan dar a conocer en la ciudad.
–Y... desde el año pasado, en el 2008 y esto que va del 2009, ¿con qué ocurrencias han venido los jóvenes? Alguna que te acuerdes (ríe).
–Venir, o sea, muy frecuentemente. Nosotros tenemos mucho acercamiento, lo que pasa que por ahí también muchos se acercan también por la cuestión que necesitan plata para realizar una actividad. Nosotros no manejamos dinero, o sea, nosotros como un área municipal tenemos presupuestos por programas, o sea, nosotros tenemos nuestros programas con los que nos manejamos de una forma en cierto... tenemos un presupuesto destinado para ciertas actividades y lo que sí podemos hacer a veces es dar espacios para otros grupos, por ejemplo, ahora estamos acompañando una iniciativa del colegio Rivadavia que es la de hacer una fiesta sin alcohol y lo que hacemos nosotros es conseguirles los espacios radiales para que puedan difundir la actividad. Que a nosotros no nos genera un costo y a ellos les ayuda en la difusión de la actividad, porque por ahí no podemos, pagarle la realización de los afiches, supongamos, por que viste que yo te decía que no manejamos dinero. Pero si podemos ayudarles a la difusión de la actividad de otra forma, siempre tratamos de ver en la medida de nuestras posibilidades ver lo que podemos hacer para que difundir una actividad que está destinada a los jóvenes, para difundir, para promover, para acompañar.
–Cuando se les da un monto para un proyecto... ¿se cumple desde la Nación o desde la Municipalidad? ¿Se les da lo que necesitan?
–Sí, en líneas generales, sí. Porque nosotros trabajamos justamente con un presupuesto por programa, lo que suele pasar a veces es que nosotros presentamos el presupuesto ahora a fin de año, en octubre aproximadamente. Estamos presentado presupuesto para el año que viene, posiblemente el año que viene las actividades sean más costosas, pero en líneas generales, si... si nos alcanza el dinero y demás. Lo que sí también hacemos es, buscar el acompañamiento de empresas privadas... empresas, o comercios de la ciudad, y demás, que colaborar igualmente de acuerdo al tipo de iniciativa que se trate. Supongamos, ahora los chicos de la Comisión de Estudiantes Secundarios, están trabajando en lo que va a ser la fiesta del Día del Ami-

go, que se hace en la costanera, que siempre se realiza desde el Area de Juventud y bueno, ya los chicos empiezan a pedir... a pedir a los negocios a cambio de la publicidad en el evento, los regalos que se sortean entre los participantes, o sea, entre las personas que asistan a la fiesta y demás... a la fiesta decimos nosotros (se ríe), en realidad es un evento cultural que se realiza en la costanera de la ciudad, bueno y así nos pasa con el día de la primavera y el día del estudiante. Lo que hacemos nosotros desde la Dirección de Juventud es cubrir gastos de sonido, si hay que pagar alguna banda... muchas veces las bandas tocan gratis. Todo depende de cómo este la situación y de cuál es también el acompañamiento de la gente en las actividades que realizamos. (Suena un celular)

–Una vez que se comienza un proyecto, como el de "Más y Mejor trabajo", ¿se hace un seguimiento después?

–Sí...

–¿Se van informando a medida que pasa hasta que termina el proyecto?

–Sí, especialmente en el caso de los proyectos y los programas que son derivados de la Nación, o sea, nosotros...

–¿La Nación también se encarga del seguimiento?

–Sí, sí... nosotros como gestión municipal. O sea, en nuestro caso, por ejemplo de nuestros programas propios presentamos informes semestrales generalmente, que son informes de gestión, en donde decimos cuál ha sido el resultado de la implementación de los programas y de las actividades que venimos realizando. Y cuando el programa depende, no el programa, el seguimiento (suena un celular) del programa depende de la nación, también se presentan informes y rendiciones de que si se ha bajando una cierta cantidad de dinero, o materiales. Lo que sea que la nación destine para el programa. Se presenta una rendición donde se dice que destino ha tenido ese dinero, porque generalmente se presenta un proyecto, además, que dice que el dinero se solicita para tal cosa y la rendición debe fundamentar el acompañar que el dinero sea para eso. Lo mismo hacemos nosotros en la gestión municipal, cuando pedimos el dinero para realizar una actividad, supongamos... necesitamos alquilar un camión con un proyector y bueno, después tenemos que presentar los comprobantes de que el dinero se ha utilizado para eso y no otras cosas.

–Sí, como cualquier negocio.

–Sí, todo lo que sea dinero se rinde, y si no... bueno, en nuestro caso trabajamos con órdenes de compra con proveedores municipales. Como te dije, nosotros no manejamos dinero, nosotros pedimos el material, se nos da un papel que dice que podemos pasar a buscar el material por el lugar, y la municipalidad se encarga del pago. Esa es la forma en la que trabajamos nosotros. En el caso de Nación, la Nación baja dinero, o te manda dinero para una actividad, vos tenés que presentar todos los comprobantes en que se invirtió el dinero, y si hay algún excedente se devuelve, y bueno, si el dinero no alcanzó, que puede llegar a pasar... bueno, se ve de que forma se puede solucionar.

–Para cerrar ya... con todos los proyectos y actividades que hicieron. ¿Cubrieron sus expectativas? ¿Quedaron conformes con lo que hicieron?

–O sea, para mí es muy nuevo porque yo hace un año y medio que estoy frente a la gestión de la Dirección de Juventud. Yo creo que sí, que... (Piensa) o sea, en nuestro caso las expectativas se han cubierto de muy buena forma, estamos ahora, o sea... y año tras año las expectativas van cambiando. Esto que hablamos recién con ustedes, de tener una llegada más a los barrios y demás es una... es un nuevo objetivo que tenemos desde la Dirección de Juventud, y que surge también con mucha mayor fuerza a través de lo que es la descentralización territorial que es una herramienta que nos va a poder permitir concretar. Seguramente el año que viene si nos sentamos y hablamos el gran objetivo a cumplir es ese, igual que el de poder coordinar una red de trabajo con instituciones juveniles. Son los dos objetivos digamos que tenemos planteados por ahora como lo nuevo desde la Dirección de Juventud, pero en líneas generales estamos muy conformes con lo que ha sido los cumplimiento de los objetivos, y también la respuesta de la gente, que...

–¿Sienten que llega a los jóvenes lo que han hecho?

–Sí, es difícil ya de por si que haya áreas municipales destinadas a los jóvenes, que estén coordinadas o dirigidas por jóvenes. Nosotros somos todos menores de treinta años trabajando para los jóvenes de la ciudad.

–Eso esta bueno, uno a uno, digamos...

–Exactamente, nosotros estamos en contacto a través de la red de macrociudades, en la unidad temática de juventud, con otros directores de juventud. Hay otros que son más grandes o direcciones de

juventud en las que hay un solo responsable del área entonces eso hace difícil trabajar. O sea, desde Villa María se está haciendo un trabajo muy... importante, y es un área que tiene mucha continuidad. Entonces, bueno, para nosotros también es importante que el área municipal quiera darle espacio a los jóvenes. Nada más...
–Bueno, muchas gracias por su tiempo y la colaboración.
–No, gracias a ustedes. Cualquier cosa que necesiten o que ustedes tengan alguna duda y crean que necesitan avisar acérquense...

Proyectos y programas

A continuación, se detallan algunos de los proyectos respecto de los que la Dirección de Juventud ha brindado información; que en su mayoría fomentan la integración entre jóvenes de clase media y en situación más vulnerable.

Se desarrollan puntos tales como: la descripción del proyecto; el área de origen, por qué muchos de estos no provienen de Juventud; la población a la que están dirigidos; los responsables de estos; las modalidades de trabajo y la difusión, que es en donde la Dirección de Juventud ayuda en su mayoría; y por último, los efectos o impactos que produjeron, aunque muchos de ellos no han finalizado aún así que no podemos determinarlo en esos casos. Entre otros proyectos se encuentran:

Programa "Más y Mejor Trabajo y Educación"

Descripción: Este proyecto consiste en la posibilidad de que los jóvenes entre dieciocho y veinticuatro años pudieran finalizar sus estudios primarios o secundarios. Luego se les ofrecía una capacitación para el empleo.

Área de Origen: Ministerio de Trabajo de la Nación. Dirección de Empleo de Villa María,

Población Dirigida: jóvenes entre dieciocho y veinticuatro años que no hayan finalizado el nivel primario o secundario y que estén desempleados.

Responsables: Camilo Banchio

Modalidades de Trabajo – Difusión: El Área de Juventud estaba encargada de la difusión del programa. Esto lo lograron a través de los Municerca, en los cuales se daban charlas informativas y se acercaba a los barrios más vulnerables en que consistía el proyecto. También la difusión se dio a través de la folletería en la costanera durante las actividades de verano. A su vez contaban con contactos en su correo electrónico.

Efectos – Impacto: Aún el Programa no ha finalizado, pero tanto el área de Empleo, como educación y juventud tienen la seguridad de que será de gran ayuda para estos jóvenes que no han tenido la posibilidad de acabar con sus estudios y además se encontraban desempleados. Con el seguimiento que se ha realizado hasta ahora se encuentran conformes con el compromiso y el nivel de los estudiantes. Con respecto a la salida laboral deberá realizarse otro seguimiento para observar el efecto en los empleos.

Jóvenes Padre Mugica

Descripción: Tiene como objetivo principal la integración de los jóvenes en diversos sistemas de nuestra Nación, como el laboral. También busca el compromiso social, la participación, la igualdad de oportunidades y la identidad colectiva de los jóvenes. Este programa se implementara desde 2008 al 2011 para 1.024 localidades y partidos del país. Lo más importante de este proyecto es que para llevarse a cabo las ideas deben surgir de los jóvenes y para ellos.

Área de origen: Ministerio del Desarrollo Social de la Nación.

Población dirigida: Para jóvenes entre quince a veintinueve años.

Responsables: Ministerio de Desarrollo Social, Educación, Salud, Planificación, Inversión Pública y Servicios; Trabajo, empleo y seguridad social, Justicia, Seguridad y derechos Humanos; Economía y Producción; Ciencia, Tecnología e Innovación Productiva. Secretaría Nacional de Niñez, Adolescencia y Familia. Ministerio del Interior. Confederación General de Trabajo. Central de Trabajadores, Federaciones y Cámaras Empresariales. Universidades. Cooperativas y mutuales. ONGs. Cultura de la Nación.

Modalidades de Trabajo – Difusión: Apunta a distintos aspectos de la vida de un joven, pero los proyectos deben surgir de ellos mismo. Así es que se realiza a través de talleres culturales, no sólo cultura general, sino que cultural publica, talleres educativos, en los que se incluye: la participación juvenil, voluntariados sociales, centro de estudiantes, prevención de drogas, medio ambiente, etc., talleres de capacitación y formación laboral. En lo que el área de Juventud colabora es la forma mediática o de integración desde Villa María y la región, para que las necesidades puedan ser trasmitidas a la Nación y así adecuar el proyecto.

Efectos – Impacto: No se han presentado informes aun con la continuidad del proyecto, que estén a nuestro alcance, así que no podemos evaluar el grado de impacto del mismo.

MERCOSUR Joven

Descripción: La idea de este proyecto surgió en el año 2005, como un espacio en el cual generar participación, reflexión y debate sobre la realidad de los países que conforman el bloque. Pretendiendo transmitir con el un pensamiento de responsabilidad y conciencia ciudadana, fomentando los valores democráticos en los/as jóvenes participantes, tratando de fortalecer la verdadera integración cultural, basada en las cosas de todos los días. Alguno de sus objetivos puede focalizarse en fortalecer la integración regional, profundizar los lazos culturales y generar conciencia democrática.

Área de Origen: Dirección de Juventud de Villa María. MERCOSUR Joven es un Programa de la Dirección de Juventud –Universidad Popular– Municipalidad de Villa María, que fue ideado en 2005, por y para jóvenes comprometidos con la necesidad de fortalecer y profundizar los lazos culturales.

Población dirigida: Jóvenes de colegios secundarios del ENINDER.

Responsables: Eduardo Accastello, Intendente de la Ciudad; Gerardo Russo, Presidente Universidad Popular; Sebastián Capurro, Dirección de Juventud.

Modalidades de Trabajo – Difusión: Este programa se logra con reuniones de las escuelas en las cuales se organizan debates, como de construcción de identidad latinoamericana, fomentando el desarrollo económico, etc.; también a través de asambleas por países (compuestos por el MERCOSUR), con asambleas temáticas, entre otras.

Su objetivo es generar en ellos un pensamiento de responsabilidad y conciencia ciudadana, fomentando los valores democráticos jóvenes, una conciencia democrática, fortaleciendo la integración regional y reafirmando la identidad cultural de las comunidades que integran el MERCOSUR.

Este programa comprende el abordaje de temáticas sensibles a la visión de la sociedad, como son las cuestiones de medio ambiente, el desarrollo social, la participación ciudadana y la cultura-educación, de forma que los lazos de integración no se limiten a lo económico-comercial. Por ello mismo, pretendemos generar un espacio para que los estudiantes reflexionen cuestiones relacionadas al MERCOSUR y organizar, al mismo tiempo, un ámbito de discusión y confrontación de ideas con estudiantes de otras instituciones, dando lugar al intercambio de experiencias y el nacimiento de nuevas amistades.

Cada institución es representada por cinco alumnos/as entre 4to. y 5to. año, que cumplen la función de: Secretaría de Participación Ciudadana, Secretaría de Desarrollo Social, Secretaría de Cultura - Educación e Inserción Juvenil, y

Secretaría de Medio Ambiente, y un Vocero, investigando acerca del país que les fue asignado, y cada uno de ellos debe investigar temáticas específicas de su área de trabajo.

Efectos–Impacto: Los jóvenes que trabajaron en este proyecto quedaron muy satisfechos, esperando el año próximo, ya que les agrado tener que interiorizarse de tal forma con cada país que les toco, y se divirtieron integrándose con jóvenes de otras escuelas en las mismas situaciones culturales y educativas que ellos. El desperfecto de este programa es que solo es para niños que acuden a un colegio secundario, excluyendo a los de sectores más bajos.

Conclusiones

En la actualidad, las políticas públicas dirigidas a la juventud en nuestra ciudad están coordinadas por la Dirección de Juventud pertenecientes al Gobierno de la Municipalidad, la cual es una estructura interna que se rige de la división interna en un conjunto de áreas.

La entrevista a la Directora del Área enfoca su análisis hacia un sector cuya labor está vinculada a los aportes del Estado (tanto local como Nacional) para lograr resolver las problemáticas sociales, culturales, económicas y políticas que posee la población juvenil villamariense. A lo largo de todo el año 2008 y hasta la fecha del año 2009, la Dirección tuvo un grado de participación subóptimo en las actividades propias de las políticas de inclusión social. Se considera así, ya que cada proyecto que ejecuta o al cual contribuye, su actuación es creada por un organismo de mayor jerarquía, o por otras áreas o sectores que le derivan programas de carácter político.

La contribución a la sociedad se basa en la integración de los jóvenes en los diversos proyectos que solventan el déficit cultural, social, político y/o económico, utilizando como herramienta las actividades recreativas y voluntarias, entre otras.

En cuanto a los receptores de los programas, el grupo de individuos mayormente es de adolescentes y jóvenes de hasta veinticuatro años de edad que desean vincularse con las políticas públicas, o que carecen de recursos para acceder a la satisfacción de sus necesidades. Quienes participan de las actividades pertenecen a la clase media y tienen la posibilidad de recibir educación adecuada a su edad (nivel secundario o superior).

Como contracara de este sector, se observa a un grupo de jóvenes con la imposibilidad de concurrir a instituciones educativas, cuyos motivos principalmente son económicos. Sin esta oportunidad tampoco existirá la apertura de crear su propia opinión o de realizar debates sobre temáticas actuales.

Mientras que estas personas son afectadas por circunstancias que presenta nuestra sociedad; el primer grupo, antes mencionado, es informado y educado para tratar de hallar solución a las necesidades del resto de la población juvenil.

Es este cupo de individuos, los "excluidos" de la sociedad, a quienes se debería motivar e incentivar, a través de proyectos como por ejemplos los ejecutados por la Dirección de Juventud, para lograr reintegrarlos en el sistema. Los inconvenientes propios de estos procesos se vinculan a la carencia o falta de fuentes estadísticas que sean renovadas, es decir, actuales. Se estima que existe un porcentaje muy reducido de jóvenes de clase baja que se relaciona con estas políticas inclusivas; y por lo tanto que no poseen la oportunidad de conectarse con el resto de la población juvenil villamariense.

Otra de las conclusiones que pueden plantearse es que la cuestión de la construcción de un proyecto de vida no aparece en la agenda de las preocupaciones de la juventud o, al menos, no como nos enseña la clásica teoría psicológica que podrá dar cuenta de la realidad vital de los adolescentes de clase media. Las condiciones materiales y simbólicas en las que estos jóvenes han venido socializándose y construyendo una imagen de sí mismos y, en consecuencia, de lo que de ellos se esperan, no constituyen escenarios que faciliten el despliegue de grandes aspiraciones hacia el futuro, más bien podría decirse que existe una limitación del horizonte de opciones y oportunidades, una precarización de la idea de futuro que hace que, en muchos casos, haya un cierto temor a soñar con lo que puede venir.

En este sentido, es posible rescatar que proyectos acotados y modestos como estos pueden pensarse como pequeñas ventanas que se abren, dentro de un panorama que se ve, por lo menos dentro de lo que nuestra distancia de clase nos permite, altamente angustiante. De este modo, se subraya la posibilidad que el proyecto les brindó en el sentido de explorar sus deseos, expectativas y recursos en orden a empezar a pensar en metas a corto plazo y, sobre todo, habilitar un espacio en el cual se sintieron escuchados y tenidos en cuenta

Bibliografía

AGENCIA CORDOBA AMBIENTE, Diagnóstico ambiental de la Provincia, 2000.

ARNOLETTO, Eduardo y Otros, "Índice de desarrollo local para la gestión", *Serie PROFIM,* Vol. 2, EDUCC, Córdoba, 2004.

Centro de Estudios de Población y Desarrollo (CEPYD), *Los cordobeses contados, características sociodemográficas de la población, Zona Este, Provincia de Córdoba.* Comunicarte Editorial, Córdoba, 2005.

Centro Estadístico de Ciencias Sociales (CECICS), *Estadísticas sociales del Gran Villa María, Series estadísticas y econométricas,* IAPCS, UNVM, Villa María, 2003.

Centro Estadístico de Ciencias Sociales (CECICS), *La situación del desarrollo humano en el Aglomerado Gran Villa María, Series estadísticas y econométricas.* IAPCS, UNVM, Villa María, 2002.

Centro Estadístico de Ciencias Sociales (CECICS). Revista *Series,* Estudios Estadísticos y Econométricos, Nº 4, IAPCS, UNVM, Villa María, 2006.

Centro Estadístico Regional (CER). Cuadernillos varios. Municipalidad de Villa María, Villa María, 2000 al 2007.

Comisión Asesora de Economía del Consejo Profesional de Ciencias Económicas de la Provincia de Córdoba (CPCE), *Economías Regionales de la Provincia de Córdoba,* Córdoba, 2004.

Cuestionario realizado por el Equipo Técnico de la UNVM, a los gobiernos locales integrantes de la Comunidad y Reglamento Interno de la CRSM, LUGAR, AÑO.

GRAGLIA, Emilio y RIORDA, Mario (Comp.), *Desarrollo, Municipalismo y regionalización: un triángulo virtuoso. El caso Córdoba.* Serie PROFIM. Vol. 4. EDUCC, Córdoba, 2006.

INDEC, Censo Nacional de Población y Vivienda, 2001.

Información periodística publicada en diarios, *La Voz del Interior, El Diario, Puntal Villa María,* 2000 al 2007.

Instituto de Investigación UNVM, La Investigación en la UNVM, 2002.

Instituto de Investigaciones Económicas (IIE), Bolsa de Comercio de Córdoba, *El balance de la economía argentina 2000, un enfoque regional,* Ediciones Eudecor, Córdoba, 2000.

Instituto de Investigaciones Económicas (IIE), Bolsa de Comercio de Córdoba, *El balance de la economía argentina 2005, un enfoque regional,* Ediciones Eudecor, Córdoba, 2005.

INTA, Villa María, 2006.

Ley 8.864/00 "Pacto de Saneamiento Fiscal".

Ley 8548/00. Ley Orgánica de la Dirección de Agua y Saneamiento.

Ley 9.206, Orgánica de Regionalización de la Provincia de Córdoba, 2004.

PARMIGIANI DE BARBARÁ, Myriam, *La Regionalización de las relaciones intermunicipales. Modelos, posibilidades y límites,* Buenos Aires, 2005.

PYLACOR, 2006.

RAMÍREZ SOSA, Ana María y ALÉ, Víctor, "Informes Departamentales General San Martín", Facultad de Agronomía, UNC, Córdoba, 1997.

Printed by Books on Demand GmbH, Norderstedt / Germany